세례, 예식에서 복음으로

세례, 예식에서 복음으로

초판 1쇄 인쇄 | 2017년 7월 20일
초판 3쇄 발행 | 2023년 10월 10일

지은이 | 이상훈
펴낸이 | 신은철
펴낸곳 | 좋은씨앗
출판등록 제4-385호(1999. 12. 21)
주소 | 서울시 서초구 바우뫼로 156(양재동, MJ빌딩), 402호
주문전화 | (02) 2057-3041 주문팩스 | (02) 2057-3042
이메일 | good-seed21@hanmail.net
페이스북 | www.facebook/goodseedbook

ISBN 978-89-5874-284-5 04230

ⓒ 이상훈 2017

이 책의 저작권은 저자와 도서출판 좋은씨앗에 있습니다.
신저작권법에 의하여 한국 내에서 보호를 받는 저작물이므로 무단 전재와 무단 복제를 금합니다.

단단한 기독교 시리즈 5

세례, 예식에서 복음으로

이상훈 지음

좋은씨앗

추천의 글

세례와 결혼의 비교를 통해 형식적인 절차로 왜곡되기 쉬운 세례에 대해 잘 정리한 책입니다. 저자가 말했듯이, 세례는 주님과의 결혼입니다. 세례를 통해 우리는 주님의 신실한 사랑과 대속해 주신 은혜를 확인하게 됩니다. 세례를 통해 우리는 한 가족이 된 교회 공동체를 만나고, 주님과 연합하여 세상을 복되게 하는 새로운 사명으로 살아가게 됩니다. 이 책은 세례를 받는 초신자뿐 아니라 복음의 의미를 올바로 정립해야 할 모든 성도들에게 요긴합니다.

이찬수_ 분당우리교회 담임목사, 『삶으로 증명하라』 저자

세례는 그리스도인에게 가장 중요한 것 중 하나입니다. 세례는 우리가 성령을 통해 예수 그리스도의 모든 부요한 것을 충만히 누림을 가리키며, 또한 우리를 교회의 한 가족으로 받아 주는 의미의 성례이기 때문입니다.

그렇기에 세례를 경시하면, 각 개인의 신앙뿐만 아니라 교회도 약해집니다. 자신이 성령으로 거듭났는지도 불분명하게 되며, 세례 서약을 지키고 예배와 순종으로 살아가는 참된 삶도 우습게 여기게 됩니다. 한 몸의 지체로서나 한 가족의 일원으로서 최선을 다해 사랑하며 살지 않게 됩니다. 어찌 보면, 지금 한국교회에 나타나는 여러 어려움들은 바로 세례가 무시되거나 무너졌기 때문에 생긴 것이라고 할 수 있습니다.

이 책은 세례가 얼마나 중요한지를 잘 보여 줍니다. 세례를 복음과 언약뿐만 아니라 교회와 사명에까지 연결시키는 것은 아주 좋은 통찰입니다. 이 책을 통해 교회 안에서 형식적으로 세례를 주고 받는, 세례를 경시하는 태도가 조금이나마 사라지기를 바랍니다.

이혁 _ 주님의교회 목사, 아나톨레 대표

차례

추천의 글 • 4
여는 글 : 주님과 결혼했나요? • 9

주님의 프로포즈 • 17

세례, 관계를 바꾸다 • 31

세례, 옷을 바꾸다 • 47

세례, 가족을 바꾸다 • 65

세례, 사명을 바꾸다 • 85

닫는 글 : 진정성 있는 세례를 위하여 • 105
추천도서 • 110

여는 글
주님과 결혼했나요?

초코파이 때문에 결혼하는 친구를 본 적이 있나요? 사랑하지도 않는데 혼인증명서가 필요하다고 결혼하는 사람은요? 아마 그런 사람은 없을 것입니다. 결혼이라는 인생의 중대사를 이렇게 막 대할 수는 없기 때문입니다.

그러면 세례는 어떤가요? 저는 초코파이 때문에 군대에서 세례를 받는 사람들을 종종 보았습니다. 예수님에 대한 신앙고백이 분명하지 않는데도 세례증명서가 필요해서 세례를 받는 사람들도 종종 보았습니다. 그런데 주변에서 그런 사람들을 말리기는커녕 '그냥 받고 보라'는 식으로 묵인하는 경우가 많습니다. 정말 이상하지 않나요?

많은 사람들이 결혼을 위한 기도는 몇 년씩 해도, 세례를 위한 기도는 그렇게까지 하지 않습니다. 결혼식 준비에는 모든 에너지를 다 쏟아부어도, 오히려 세례식 준비는 간단할수록 좋다고 생각합니다.

제가 사역하는 교회 청년부에서 자체적으로 세례 예식을 진행할 기회가 있었습니다. 세례는 그리스도인에게 아주 중요한 예식이라 그 의미를 제대로 살리고 싶었습니다. 청년부 임원들과 함께 머리를 맞대고 세례 예식을 어떻게 진행하면 좋을지 고민했습니다. 처음에는 장례식 콘셉트로 진행하면 어떻겠느냐는 의견이 있었습니다. 옛 사람은 죽고 새 사람으로 살아가는 의미를 살리자는 취지였습니다. 나름대로 괜찮은 것 같은데, 뭔가 더 좋은 콘셉트가 있을 것 같았습니다.

계속 기도하고 고민하던 가운데 웨스트민스터 소요리문답 94문을 읽게 되었습니다.

> 세례는 성부와 성자와 성령의 이름 안으로 연합시키는 물로 씻는 성례입니다. 세례는 우리가 그리스도에게 접붙여짐과 은혜 언약의 유익에 참여함과 주님의 것이 되기로 약속함을 표시하고 인 칩니다.

불현듯 이런 생각이 들었습니다. '사랑하는 두 남녀가 한 몸이 되기로 언약을 맺는 것이 결혼식이라면, 세례도 이와 같구나!' 그렇습니다. 세례는 주님과 연합하여 한 몸이 되는 것입니다. 주님과 언약을 맺는 결혼식이라고 할 수 있습니다.

청년부 임원들에게 이 내용을 나누었고, 우리는 세례 예식을 결혼식 콘셉트로 진행하기로 결정했습니다. 세례 교육을 받는 지체들에게도 이러한 내용을 설명해 주었고, 결혼 청첩장을 주듯이 하객들을 초청하도록 했습니다.

세례식 날이 되었습니다. 플라워데코에 은사가 있는 자매가 예배당을 예식장처럼 꾸미고, 세례를 받는 지체들에게 예쁜 화관과 부케를 만들어 주었습니다. 청년부 지체들은 결혼식에 참석하듯 예의를 갖춰 정장을 입고 참석했습니다. 예배당 앞쪽에는 악기를 다루는 지체들이 찬양곡을 연주하고 있습니다.

예배당 뒤쪽에는 세례를 받는 지체들이 소그룹 리더와 함께 경건한 마음으로 서 있습니다. 진행자가 "신부 입장"이라고 외치면 세례를 받는 지체들이 소그룹 리더의 손을 잡고 강단 앞으로 걸어 나와 섭니다. 이제 신랑이 입장할 차례입니다. 청년부 모든 지체들이 자리에서 일어나 "아름답고 놀라운 주 예수"라는 찬양을 부르며 신랑 되신 주님을 맞이합니다. 그 순간 주님께서 이 자리에 입장하시는 것 같고, 모든 지체들이 그분의 충만한 임재를 느낍니다.

찬양을 마치고 모든 지체들이 자리에 앉으면, 세례를 받는 지체의 소그룹원들이나 제자반 동기들이 앞으로 나와 축가를 부릅니다. 때로는 청년부 야구 동아리 형제들이 정성을 다해 축가를 부르기도 하고, 주일학교 어린이들이 깜찍하게 축가를 부르기도 합니다.

축가 후에는 설교가 이어집니다. 주례사가 결혼의 의미에 대해 말하는 것이라면, 세례식 설교는 세례의 의미를 선포하는 것입니다. 세례식 설교에서는 삼위 하나님이 우리를 어떻게 사랑하셨는지를 선포하고, 주님과 연합하는 한 몸 됨이 무엇이며 주님과 함께하는 삶이 무엇이고 주님의 몸된 교회의 일원이 되는 것이 무엇인지를 설명합니다. 세례에는 풍성한 복음이 담겨 있습니다. 세례에 대해 설교하다 보면, 복음을 설교하는 것을 경험하게 됩니다.

설교 후에는 세례 문답을 합니다. 결혼 서약을 통해 신랑과 신부가 서로 사랑할 것을 공적으로 서약하는 것처럼, 세례 문답을 통해 세례를 받는 지체들은 삼위 하나님과 교회를 사랑할 것을 공적으로 서약합니다. 공동체 지체들이 이 서약의 증인이 됩니다.

세례 문답은, 목회자가 묻고 세례를 받는 지체들이 대답하는 전통적인 방식을 따릅니다. 그리고 세례를 받는 지체들이 공적으로 고백하는 시간도 가집니다. "나에게 세례란" 무엇인지를 짧은 간증처럼 고백합니다. "결혼은 늦어졌지만, 지금이라도 주님과 연합하게 되어 기쁘다"는 한 청년의 고백이 아직도 제 마음에 남아 있습니다.

이제 물세례를 베풉니다. 옛 사람은 죽고 새 사람으로 거듭나는 의미를 물세례로 보여 주는 것입니다. 주님 없이 살던 옛 사람을 물에 수장시키고, 이제는 주님과 연합하여 살아가는 새 사람 되었음을 보여 주는 것입니다. 이 감격적인 물세례 후에는 소그룹 리더나 지체들이 미리 찍은 축하 영상을 보여 줍니다.

마지막으로 집례자가 삼위 하나님의 이름으로 이들이 세례 교인이 되었음을 교회 앞에 선포합니다. 그러면 청년부 지체들이 축복송을 부르며 다가와 세례를 받은 지체들에게 꽃다발과 선물을 건네고, 그들을 위해 기도하는 시간을 가집니다. 세례 예식은 축도로 마칩니다.

청년부에서 세례 예식을 결혼식 콘셉트로 진행하면서 두 가지가 좋았습니다.

첫째, 세례의 의미가 확연히 되살아나서 좋았습니다. 세례식이 그저 진부한 의식이 아니라 결혼식처럼 기쁘고 행복한 시간으로 다가왔습니다. 예전에 세례를 받았던 지체들은 자신의 세례를 되돌아보는 시간이 되었고, 앞으로 세례를 받을 지체들은 기대하고 사모하는 마음을 갖게 되었습니다. 결혼을 준비하듯 세례를 준비하겠다는 지체들의 다짐을 들으며 얼마나 감사했는지 모릅니다.

둘째, 복음의 풍성함이 함께 드러나서 좋았습니다. 세례가 복음을 보여 주는 것임을 몸소 경험하게 되었습니다. 연합, 언약, 대속, 공동체, 거룩한 삶이라는 복음의 요소가 세례에 담겨 있음을 보았습니다. 아우구스티누스는 세례를 하나님이 주시는 보이는 말씀이라고 했습니다. 그렇습니다. 세례는 보이는 복음입니다.

이 두 가지 은혜를 맛보고 나니, 그리스도인에게 세례가 얼마나 중요한지를 더 절감하게 되었습니다. 나아가 세례의 의미를 생생하게 되살리고, 복음을 풍성하게 보여 주고 싶어서 이 책을 쓰게 되었습니다. 이 책을 통해 세례가 보여 주는 복음을 온전히 맛보게 되기를 간절히 바랍니다.

이 책이 나오기까지 도와주신 분들이 많습니다. 먼저 분당 분당우리교회 조이스 청년부 지체들에게 고맙습니다. 이들은 복음을 기뻐하는 청년들이며, 공동체를 주님의 몸처럼 아낄 줄 아는 멋지고 아름다운 지체들입니다. 제가 이들을 양육하고 훈련시킨 줄 알았는데, 오히려 제가 조이스 지체들에게 양육받고 훈련받으며 배운 은혜가 더 컸습니다. 고마운 마음과 사랑하는 마음을 이 글에나마 담습니다.

또한 이 글을 쓰도록 저를 계속 격려해 준 좋은씨앗 출판사에도 고마움을 전합니다.

무엇보다 아나톨레 대표 이혁 목사님과 분당우리교회 이찬수 목사님께 깊이 감사드립니다. 두 분은 제게 마늘과 쑥 같은 분입니다. 짐승 같던 저를 사람이 되게 해주신 귀한 영적 스승들입니다. 이혁 목사님을 통해서는 복음의 풍성함을, 이찬수 목사님을 통해서는 목회의 영광을 배우고 있습니다.

마지막으로, 사랑하는 아내 김희정과 눈에 넣어도 안 아픈 예람, 예빈, 예준에게 고맙다는 말을 하고 싶습니다. 출근하는 목사 아빠에게 "아빠, 교회 가지 마"라고 조르고, 쉬는 날 책상에 앉아 있기라도 하면 "아빠, 공부하지 마"라고 울던 아이들입니다. 그래서 행여나 교회에 가기 싫어 하고, 공부하기 싫어 하면 어쩔까 싶습니다. 그러나 신실하신 삼위 하나님의 사랑으로 인해 두렵지 않습니다. 하나님을 알아 가기에 감사할 따름입니다. 하나님이 계셔서 정말 다행입니다. 사랑합니다, 나의 주님.

분당우리교회에서 이상훈

주님의 프로포즈

**

베드로가 이르되 너희가 회개하여 각각 예수 그리스도의 이름으로 세례를 받고 죄 사함을 받으라. 그리하면 성령의 선물을 받으리니. 사도행전 2:38

비포 앤 애프터

저는 세례식을 준비하는 지체들에게 간증문을 쓰게 합니다. 예수님을 믿기 전과 믿은 후의 변화를 간증문에 써야 합니다. 하지만 많은 지체들이 간증문 쓰기를 어려워합니다. 예수님을 믿기 전과 믿은 후의 변화 포인트를 어떻게 잡아야 할지 모르기 때문입니다. 다른 사람의 간증은 아주 극적인데, 자신의 간증은 너무 밋밋해 보입니다. 그렇다 보니, 자신이 구원을 받았는지 의심이 듭니다. 심지어 모태 신앙인 중에 "나도 좀 더 놀다가 믿을 걸 그랬나?" 하며 후회하는 사람이 있다고 합니다. 예수님을 믿고 나서 도덕적으로 확연히 달라진 것도 없고 별다른 체험도 없는데 간증을 쓰려니 곤혹스러운 것입니다.

그러면 결혼은 어떤지 한번 생각해 볼까요? 미혼으로 지내던 사람이 결혼하면 단번에 기혼자가 됩니다. 이것은 정말 확연한 변화입니다. 하지만 결혼했다고 해서 도덕적으로 대단한 변화가 생기는 것도 아니고, 결혼하는 사람들이 모두 어떤 신비한 체험을 하는 것도 아닙니다. 그럼에도 불구하고 결혼은 그들의 삶을 결정적으로 바꿉니다.

세례도 이와 같습니다. 우리가 세례를 받기 전에는 영적 미혼자입니다. 그러나 세례를 받은 후에는 영적 기혼자가 됩니다. 이것은 아주 분명한 차이입니다. 물론 세례를 받았다고 해서 갑자기 도덕적으로 탁월해지거나, 성령의 은사가 폭발하는 것은 아닙니다. 그러나 영적 미혼자에서 영적 기혼자가 되는 것은 분명히 결정적인 변화입니다.

그런데 왜 많은 그리스도인이 이런 명백한 변화를 읽어 내지 못할까요? 세례를 그저 교회의 정식 회원이 되기 위한 통과의례 정도로 여기기 때문에 그런 것은 아닌지 돌아봐야 합니다. 세례를 기독교에 입문하는 기초 단계로 본다면, 이 변화를 놓치게 됩니다. 그래서 언젠가 도덕적으로 탁월해지거나, 신학교에 가게 된다면, 간증문을 쓸 수 있다고 오해하는 것입니다.

무엇을 회개할 것인가?

그리스도인들이 예수님을 믿기 전과 믿은 후의 변화를 확연히 구분하지 못하는 결정적인 이유는, 죄에 대해 오해하고 있기 때문입니다. 대부분의 간증은, 도덕적으로 형편없던 사람이 예수님을 믿고 착한 사람이 되었다는 식입니다. 즉 나쁜 짓을 멈추고 돌이키는 것을 회개로 이해하는 것입니다. 그러나 이것은 죄를 도덕적 개념으로 정의하는 것일 뿐입니다.

죄를 도덕적으로 이해한다면, 회개는 '도덕적 개선'이 되고 맙니다. 가령, 음란물을 끊지 못해 죄책감에 시달리는 형제가 있다고 합시다. 그 형제가 음란물을 열 번 보던 것을 다섯 번으로 줄이는 것이 회개일 수 있습니다. 도덕적으로 개선된 것이니까요. 그런데 음란물을 전혀 보지 않는 비그리스도인 청년이 있습니다. 그 청년에 비하면 예수님을 믿는 자신은 뭔가 싶은 생각이 듭니다. 이 세상에는 도덕적으로 탁월한 비그리스도인이 많습니다. 그런 사람들과 비교한다면, '예수 그리스도 없이도 나보다 괜찮은 삶을 사는구나' 하면서 영적으로 무기력해질 수 있습니다.

우리는 죄를 '도덕적'으로 이해하기보다는 '관계적'으로 이해해야 합니다. 음란물 보는 것을 줄이는 도덕적 개선이 회개의 본질은 아닙니다. 미혼자를 기혼자로 바꾸는 결혼은 어떤 것입니까? 자신을 위해 살아가던 존재가 이제는 배우자를 위해 살아가는 존재로 전환되는 것입니다. 이런 관점에서 본다면, 죄는 음란물을 몇 번 보느냐의 문제가 아니라 자신만을 위하는 것을 의미합니다. 자기 힘으로만 살아가겠다는 태도 말입니다. 결국 죄는 '자기 자신'을 모든 것의 중심에 두는 것입니다.

그렇다면 회개는 무엇일까요? 손희영 목사는 『믿음의 전환』에서 천동설의 믿음이 지동설의 믿음으로 전환되어야 한다고 요구합니다. 천동설의 사람들은 자신이 온 우주의 중심이 되고, 자신을 위해 하나님도 움직이셔야 하고, 자신을 위해 주변 사람들도 움직여야 한다고 생각합니다. 그러나 여기에 코페르니쿠스적 전환이 필요합니다. 지동설의 믿음은 하나님이 온 우주의 중심이 되시고, 그에 맞춰서 내가 변하고, 내가 움직이는 것입니다. 이것이 바로 회개입니다.*

결혼이 한 사람을 결정적으로 바꾸는 것은, 그 사람의 중심이 더 이상 자기 자신이 아니라 배우자와 자녀에게로 옮겨지기 때문입니다. 세례도 이와 같습니다. 세례는 자기 혼자 힘으로 살아가던 사람이 이제는 그리스도와 연합하여 살겠다는 약속입니다. 자기 자신을 중심에 두던 사람이 이제는 그리스도를 중심에 두는 코페르니쿠스적 전환입니다. 영적 미혼자가 영적 기혼자로 살아가는 전환입니다.

아담의 죄 : 하나님으로부터 독립을 선언함

죄가 '도덕적'인 것이 아니라 '관계적'인 것임을 보여 주는 내용이 창세기에 나옵니다. 창세기 3장의 선악과 사건과 4장의 가인과 아벨의 이야기입니다.

창세기 3장의 선악과 사건은 우리에게 심각한 의문을 불러일으킵니다. "하나님은 왜 하필 선악과를 만드셔서 우리를 이

---

* 손희영, 『믿음의 전환』(복있는사람, 2015), 14-39쪽 참조.

렇게 힘들게 하셨을까? 선악을 알게 하는 나무를 뿌리째 뽑은 것도 아니고, 과일 하나 따 먹었을 뿐인데 사망이 오고 온갖 저주가 임하다니 하나님이 너무 하신 것 아닌가?"

차라리 아담이 하와를 죽여서 에덴 동산에서 쫓겨났다고 하면, 많은 사람들이 좀 더 쉽게 수긍할지도 모르겠습니다. 하지만 그런 개념은 죄를 철저히 도덕적으로 생각함을 보여 줄 뿐입니다. 과일 하나를 따 먹은 죄는 작고, 사람을 죽인 죄는 크다는 식의 개념을 갖고 있는 것이니까요.

선악과 사건은 단순히 과일 서리 사건이 아닙니다. 에덴 동산에 있는 모든 나무를 주신 하나님의 마음이 아니라, 선악과가 탐나는 자신의 마음이 중심이 되어 일어난 사건입니다. 즉 자신이 하나님을 대신해 버린 것입니다. 내가 하나님을 대신해 버리는 것, 그것이 바로 죄입니다. 하나님의 뜻 대신에 내 뜻을, 하나님의 마음 대신에 내 마음을 앞세우는 것이 바로 죄입니다. 그런 면에서 선악과 사건은 하나님으로부터 독립을 선언한 것이라 할 수 있습니다. 앞서 말했듯이, 죄는 도덕성의 문제라기보다는 관계의 문제입니다.

가인의 죄 : 형제로부터 독립을 선언함

창세기 3장의 선악과 사건과 4장의 가인과 아벨 이야기는 비슷한 점이 많습니다.

선악과 사건 (창 3장)	가인과 아벨 이야기 (창 4장)
"여자가 그 열매를 따 먹고 자기와 함께 있는 남편에게도 주매 그도 먹은지라"(6절).	"가인은 땅의 소산(열매)으로 제물을 삼아 여호와께 드렸고"(3절).
"아담을 부르시며 그에게 이르시되 네가 어디 있느냐"(9절).	"네 아우 아벨이 어디 있느냐"(9절).
"내가 벗었으므로 두려워하여 숨었나이다"(10절).	"내가 땅에서 피하며 유리하는 자가 될지라"(14절).
"땅이 네게 가시덤불과 엉겅퀴를 낼 것이라"(18절).	"네가 땅에서 저주를 받으리니…"(11-12절).
"아담과 그의 아내를 위하여 가죽옷을 지어 입히시니라"(21절).	"가인에게 표를 주사 그를 만나는 모든 사람에게서 죽임을 면하게 하시니라"(15절).
"여호와 하나님이 에덴 동산에서 그를 내보내어"(23절).	"주께서 오늘 이 지면에서 나를 쫓아내시온즉"(14절).
하나님으로부터 독립을 선언함	형제(공동체)로부터 독립을 선언함

아담과 가인 둘 다 열매가 문제가 됩니다. 아담은 선악과를 따 먹은 것이, 가인은 땅의 소산(열매)으로 제사를 드린 것이 화근이 됩니다. 결국 둘 다 죄를 범했고, 하나님이 그들을 찾아오셔서 "어디 있느냐"고 물으십니다. 아담은 하나님을 두려워

하여 숨었고, 가인은 사람들을 피하여 방황했습니다. 두 사람 때문에 땅이 저주를 받고, 두 사람 다 쫓겨나는 심판을 당합니다. 그러나 그 심판 중에도 하나님은 은혜를 베풀어 주십니다. 아담에게 가죽옷을 지어 입혀서 벌거벗음을 면하게 해주시고, 가인에게 표를 주셔서 죽임을 면하게 해주십니다.

그러므로 이 두 본문은 함께 읽으라고 주신 것이라 볼 수 있습니다. 창세기 3장이 하나님으로부터 독립을 선언한 것을 죄로 정의한다면, 4장은 형제(공동체)로부터 독립을 선언한 것을 죄로 정의합니다. 가인은 동생을 죽이고도 "내가 내 아우를 지키는 자니이까?"(창 4:9)라고 항변합니다. 이는 형제(공동체)로부터 독립을 선언하는 죄의 양상을 보여 줍니다.

죄는 도덕성의 문제가 아닙니다. 창세기 3장에서 과일 서리보다 더 심각한 것은 하나님으로부터 독립을 선언한 것이며, 4장에서 살인보다 더 심각한 것은 공동체로부터 독립을 선언한 것입니다. 하나님을 떠나 살아가고, 공동체를 떠나 살아가는 것이 바로 죄입니다.

죄의 뿌리 : 두려움과 방황

아담과 가인의 이야기에서 제가 주목하고 싶은 것은, 하나님을 떠나고 공동체를 떠난 사람이 맞이하는 결과입니다. 아담이 하나님을 떠난 결과는 두려움이었고, 가인이 공동체를 떠난 결과는 방황이었습니다.

죄의 씨앗은 하나님과 공동체를 떠나 자기 자신이 중심이 되는 것입니다. 바로 여기에서부터 두려움과 방황이 뿌리를 내립니다. 혼자 힘으로 살아가다 보니 두려움이 가시지 않고, 자신이 벌거벗었기에 사람들을 피하고 계속 방황합니다. 이 두려움과 방황은 하나님과 공동체로부터 자신을 더욱 고립시킵니다.

그래서 아무도 믿지 못합니다. 다른 사람을 의심하고 항상 경쟁합니다. 결국 내 인생은 나 스스로 완벽해져서 헤쳐 나가야 할 과제라고 여깁니다. 두려움을 해결해 보려고 악착같이 모으고 어떻게든 상대방을 이기려고 합니다. 그러다 보니, 잠시도 쉴 수 없고 상대방을 속여야 합니다. 힘을 써야 할 때도 있고, 상대방을 제압해야 할 때도 있습니다. 그런데 그런 일을 하려면 하나님이 거추장스럽습니다. 자신이 원하는 형상으로 하나님을 리폼해서 사용합니다. 다른 사람들은 내가 지켜야 할 형제가 아니라, 그저 내 기분을 좋게 해주고 내 성공과 이익을 위해 존재하는 도구라고 여깁니다.

여러분, 이 모습이 보이십니까? 하나님을 떠나고 공동체를 떠난 것이 죄의 씨앗이 되고, 거기에서 두려움과 방황이라는 뿌리가 형성되고, 그 두려움과 방황에서 교만, 기만, 의심, 술수, 포악, 거짓, 폭력 등 온갖 죄의 열매가 계속해서 맺히는 모습 말입니다.

죄를 단지 도덕성의 문제로 본다면, 교만, 술수, 포악 등 죄의 열매를 제거하는 일에 그치고 말 것입니다. 하지만 죄를 관계의 문제로 본다면, 회개는 죄의 뿌리를 제거하는 일에 가깝습니다. 그러므로 우리는 하나님으로부터 독립을 선언한 것에서 돌이켜 다시금 그분이 주시는 안식 안으로 들어가야 합니다. 그래야 두려움이 사라집니다. 또한 공동체로부터 독립을 선언한 것에서 돌이켜 사람들을 이용하고 경쟁의 대상으로 삼는 일을 멈춰야 합니다. 그래야 더 이상 방황하지 않게 됩니다. 그것이 바로 죄의 뿌리를 제거해 나가는 올바른 회개입니다.

주님의 프로포즈

사도행전 2장에 보면, 오순절 성령 강림 사건 직후에 베드로가 설교하는 장면이 나옵니다.

> 너희가 회개하여 각각 예수 그리스도의 이름으로 세례를 받고 죄 사함을 받으라. 그리하면 성령의 선물을 받으리니(행 2:38).

베드로는 유대인들과 예루살렘에 사는 모든 사람들에게 회개하여 예수 그리스도의 이름으로 세례를 받고 죄 사함을 받으라고 권면합니다. 여기서 회개하라는 것은, 하나님과 공동체로부터 고립된 채 자기 자신만을 위해 살던 것을 멈추라는 뜻입니다. 그리고 예수 그리스도의 이름으로 세례를 받으라는 것은, 더 이상 영적 미혼자로 살지 말고 그리스도와 연합하여 살라는 부르심을 말합니다. 그런 점에서 세례는 다른 애인(자기 자신, 죄)을 따라 살지 말고(회개), 주님과 함께 살자(믿음)는 프로포즈라 할 수 있습니다.

여기에서 좀 더 들어가 보겠습니다. 베드로는 다음과 같이 설교를 이어 갑니다.

또 여러 말로 확증하며 권하여 이르되 너희가 이 패역한 세대에서 구원을 받으라 하니 그 말을 받은 사람들은 세례를 받으매 이 날에 신도의 수가 삼천이나 더하더라(행 2:40-41).

베드로가 이 패역한 세대에서 구원을 받으라고 권면하자, 그의 말을 받아들인 사람들이 회개하고 세례를 받았습니다. 그러자 어떤 일이 생겼습니까? 신도의 수가 늘었습니다. 믿는 자들의 공동체에 사람들이 더해졌습니다. 이 패역한 세대에서 구원을 받는 것은 무엇을 의미할까요? 그리스도의 공동체에 더해지는 것을 의미합니다. 그렇다면 이 패역한 세대는 누구일까요? 공동체로부터 독립을 선언한 자들을 말합니다.

다시 38절로 돌아가 봅시다. 베드로는 "죄 사함을 받으라. 그리하면 성령의 선물을 받으리니"라고 설교합니다. 죄 사함은, 자신이 하나님을 대신함으로써 독립을 선언하고 형제를 배신하여 방황하던 삶에서 회개하여 그리스도와 연합하여 형제 공동체로 되돌아오는 것을 의미합니다. '독립적 자아'를 '공동체적 자아'로 전환하게 하는 것이 죄 사함과 세례입니다. 결혼식이 미혼자를 기혼자로 전환하게 하듯, 세례식은 독립적 자아를 공동체적 자아로 전환하게 합니다.

여기에서 성령의 선물은 무엇을 의미할까요? 사도행전 2장

42-47절입니다.

> 그들이 사도의 가르침을 받아 서로 교제하고 떡을 떼며 오로지 기도하기를 힘쓰니라. 사람마다 두려워하는데 사도들로 말미암아 기사와 표적이 많이 나타나니 믿는 사람이 다 함께 있어 모든 물건을 서로 통용하고 또 재산과 소유를 팔아 각 사람의 필요를 따라 나눠 주며 날마다 마음을 같이하여 성전에 모이기를 힘쓰고 집에서 떡을 떼며 기쁨과 순전한 마음으로 음식을 먹고 하나님을 찬미하며 또 온 백성에게 칭송을 받으니 주께서 구원받는 사람을 날마다 더하게 하시니라.

하나님께 돌아와 그분을 찬양하고 사도의 가르침을 받아 기도에 힘쓰는 모습, 형제 공동체로 돌아와 서로 교제하며 모든 물건을 서로 통용하고 자기 소유를 나눠 주며 마음을 같이하여 모이기를 힘쓰는 모습, 즉 하나님을 사랑하고 공동체를 사랑하는 자들의 모임인 교회가 시작됩니다. 교회는 성령의 선물입니다.

세례는 그리스도와 연합하고 형제들과 함께하는 교회로 살아가자는 부르심입니다. 이제는 혼자 방황하며 두려움 속에 머물러 있지 말고, 그리스도와 연합하여 같이 살아가자는 프로포즈입니다.

주님의 이 프로포즈를 받아들이겠습니까? 우리는 두려움 때문에 끊임없이 가지려 했고, 불안함 때문에 정신없이 분주했습니다. 부끄러움 때문에 숨어들었고, 서로를 믿을 수 없어서 갈등했습니다. 그 이유는 우리가 하나님을 신뢰하지 않고 그분을 떠났기 때문입니다. 그러면서도 우리는 하나님을 원망했습니다. 두렵고 불안해서 하나님 아닌 것들을 따라갔습니다. 하지만 그럼에도 불구하고 주님은 우리를 다시 찾아오십니다. 또다시 우리에게 돌아오라 하십니다. 사랑하는 자여, 일어나 함께 가자고 하십니다. 여전히 죄인된 우리에게 주님은 말씀하십니다.

> 무화과나무에는 푸른 열매가 익었고 포도나무는 꽃을 피워 향기를 토하는구나. 나의 사랑, 나의 어여쁜 자야 일어나서 함께 가자(아 2:13).

세례, 관계를 바꾸다

누구든지 그리스도와 합하기(into Christ) 위하여 세례를 받은 자는 그리스도로(with Christ) 옷 입었느니라. 너희는 유대인이나 헬라인이나 종이나 자유인이나 남자나 여자나 다 그리스도 예수 안에서(in Christ) 하나이니라. 너희가 그리스도의 것이면(belong to Christ) 곧 아브라함의 자손이요 약속대로 유업을 이을 자니라. 갈라디아서 3:27-29

결혼, 완전히 다른 관계

사랑하는 사람이 생기면 드디어 '솔로 탈출'입니다. 꿈에도 그리던 '커플'이 됩니다. 신앙생활에도 솔로 탈출이 필요합니다. 사랑하는 사람을 만나 커플이 되는 것처럼, 사랑하는 주님을 만나 영적 커플이 됩니다.

그러나 꿈에도 그리던 커플이 되었지만 결혼을 미루는 사람들이 있습니다. 여러 가지 복잡한 상황 때문에 그럴 수도 있고, 서로에 대한 확신이 부족해서 그럴 수도 있습니다. 결혼하여 부부가 되는 것은 커플과는 완전히 다른 차원이기에 신중할 수밖에 없습니다.

세례도 이와 같습니다. 영적 솔로였던 사람이 주님과 사랑에 빠져 영적 커플이 됩니다. 결혼이 커플과 전혀 다른 관계이듯, 세례도 영적 커플과 다른 차원의 관계입니다. 세례는 교회의 통과의례가 아니라 그리스도와 연합하기 위해 받는 것입니다. 그리스도와 한 몸이 되는 결혼식을 하여 이전과는 전혀 다른 관계로 들어가는 것입니다.

동거냐 결혼이냐

오늘날 결혼이 세속화되다 보니, 세례를 결혼으로 이해하는 데 어려움이 있습니다. 하지만 결혼의 본래 의미를 생각해 보면서 결혼이 관계를 어떻게 바꾸어 나가는지를 살펴보려고 합니다.

결혼식 주례를 할 때마다 제가 청년들에게 꼭 묻는 질문이 있습니다. 이 예식을 동거하려고 하는 것인지, 결혼하려고 하는 것인지를 진지하게 물어봅니다. 왜냐하면 그것이 중요하기 때문입니다.

동거는 무엇입니까? 자신의 짝을 온전히 믿지 못하는 것입니다. '어떻게 살아 보지도 않고 이 사람과 평생을 함께할 수 있느냐'는 두려움이 동거에 깔려 있습니다. 먼저 같이 살아 보고, 그 다음에 결정하겠다고 합니다. '내게 더 적합하고 더 완벽한 짝이 나타날지도 모르는데, 어떻게 덥석 결혼할 수 있겠냐'며 더 나은 짝을 만나기 위해 결혼을 미룹니다. 함께 살면서도 서로 성격은 맞는지, 대화는 통하는지 등 여러 가지 평가를 반복합니다.

그러나 결혼은 동거와 다릅니다. 결혼은 더 이상 '더 나은 짝'을 고르지 않겠다는 약속입니다. 이제부터 배우자에 대한 평가를 반복하지 않겠다는 선언입니다. 그래서 결혼 서약을 할 때, 비가 오나 눈이 오나, 건강할 때나 아플 때나 심지어 죽음이 갈라놓을 때까지 평생을 함께하기로 다짐하느냐고 묻는 것입니다. 이처럼 동거와 결혼은 완전히 다릅니다.

그런데 결혼하고 나서도 동거하는 것처럼 사는 사람들이 있습니다. 또한 하나님을 믿기는 하지만 동거하듯 신앙생활을 하는 사람들도 있습니다. 동거의 관계는 계속되는 평가의 반복이며, 더 나은 짝을 찾는 일을 멈추지 않는 것입니다. 이것은 상대방이 하는 것을 봐서 나도 하겠다는 태도입니다. 이런 동거의 정신으로 결혼생활과 신앙생활을 한다면, 배우자와 하나님조차 거래 관계로 대하게 됩니다. 그렇게 배우자를 대하고 하나님을 대한다면, 시간이 지날수록 관계는 시들고 메마르게 될 것입니다.

관계를 회복하는 법

서로를 거래 관계로 대하다 보면, 서로에게 불만이 쌓일 수밖에 없습니다. 이러한 불만 가운데 평가를 계속 반복한다면, 결혼생활도 신앙생활도 결국에는 서운함과 울분만 남게 될 것입니다.

서로를 거래 관계로 대해서 무너진 부부 관계를 회복하려면 어떻게 해야 할까요? 아내는 아침에 일찍 일어나서 단장하고 남편에게 아침밥도 차려 주고, 다정한 말도 건네기로 결심합니다. 남편은 퇴근해서 집에 오면 집안일도 같이 하고, 아이들과 놀아 주며, 아내를 더 사랑하기로 결심합니다. 이처럼 관계를 회복하기 위해 '내가 할 일' 목록을 정하고 실천하는 것도 좋은 방법입니다.

하나님과의 관계에서도 '내가 할 일' 목록을 정하고 실천하기로 결심할 때가 있습니다. 대부분 새해가 되면, 성경을 통독하고 시간을 정해 놓고 기도하며 더 열심히 전도해야겠다고 결심합니다. 하지만 결심한 대로 잘 안 됩니다. 자신이 세운 계획이고 각오인데도 자꾸만 어그러지는 경험을 해보았을 것입니다.

이런 경우를 한번 생각해 보면 좋겠습니다. 아내를 참으로 사랑하는 남편이 있는데, 아내는 그 사실을 미처 깨닫지 못했고, 이런저런 일들로 인해 부부 사이가 소원해지고 말았습니다. 그러던 어느 날, 아내는 남편 친구에게서 '남편이 한 일'에 대해 듣게 됩니다.

"네 남편이 회사에서 보니까, 네 기도를 그렇게 많이 하더라."

"회식할 때 아가씨들이 옆에서 유혹해도 지갑에서 네 사진을 꺼내 보여 주면서 끄떡도 안 하더라."

"백화점에 가서 네게 줄 선물을 고르려고 얼마나 고심하는

지 몰라. 네게 좋은 거 사 주겠다고 돈 모으고 있더라."

사실 이 아내가 남편과의 관계를 회복하는 가장 빠른 길은 '내가 할 일' 목록을 정하는 것이 아니라 '남편이 한 일'을 듣는 것입니다. 물론 이 남편이 아내를 진심으로 사랑할 때에만 그렇겠지요. 그런데 하나님은 이 남편보다 더 우리를 사랑하십니다. 우리가 부족함에도 불구하고 하나님이 더 나은 짝을 고르지 않기로 작정하셨기에 우리가 세례를 받는 자리까지 오게 된 것입니다.

우리는 어쩌면 그동안 동거의 정신으로, 또는 거래 관계로 하나님을 대해 왔는지 모릅니다. 시시때때로 하나님에 대한 평가를 반복하고, 하나님이 잘해 주시는 것 같으면 좋아하다가도 조금만 일이 안 풀리면 하나님을 원망하고 서운해했는지 모릅니다. 그러나 이런 관계를 회복하는 길은 '내가 할 일' 목록을 정하고 결심하는 것이 아니라 '하나님이 나를 위해 행하신 일'을 다시금 듣는 것입니다.

하나님의 선불제 사랑

우리가 어떻게 하느냐에 따라 하나님의 사랑이 결정된다고 생각한 적이 있나요? 우리가 교회생활을 열심히 하면 하나님이 우리를 더 사랑하시고, 그렇지 않으면 하나님이 우리를 미워하신다고 생각하나요? 만약 그렇게 생각한다면, 하나님을 거래 관계로 대하고 있는 것입니다. 하나님은 우리를 결코 그렇게 대하지 않으십니다.

우리가 하나님을 믿어서 그분의 자녀가 되었다고 생각하나요? 아니요. 그렇지 않습니다. 창세 전에, 우리가 하나님을 믿기도 전에 그분은 우리를 자녀 삼기로 예정하셨습니다. 억지로 그렇게 하신 것이 아니라 사랑 안에서 기쁘신 뜻대로 그렇게 하셨습니다(엡 1:4-5).

우리가 예수 그리스도의 은혜를 알고 돌이켜서 하나님의 자녀 된 것이 아닙니다. 우리가 연약하고, 죄인 되고, 심지어 원수 되었을 때도 예수 그리스도께서 우리를 대신하여 십자가를 지셨습니다(롬 5:6-11).

기도도 마찬가지입니다. 우리가 마땅히 기도할 바를 알지 못하나 성령 하나님께서 말할 수 없는 탄식으로 우리를 위해 친히 간구하십니다(롬 8:26).

우리를 향한 하나님의 사랑은 후불제가 아닙니다. 우리가 하는 것을 보고 나서, 사랑을 줄 것인지 말 것인지를 결정하며 거래하시지 않습니다. 더 나은 성도를 고르려고 하시지 않습니다. 하나님의 사랑은 선불제입니다. 요한 사도는 "우리가 사랑함은 그가 먼저 우리를 사랑하셨음이라"(요일 4:19)고 말합니다. 우리가 한 일에 따라 사랑을 주신 것이 아닙니다. 우리가 사랑할 만해서 사랑하신 것이 아닙니다. 하나님이 먼저 우리를 사랑하셨기에 우리가 그분을 사랑하는 것입니다.

세례 또한 하나님의 선불제 사랑을 보여 주는 것입니다. 우리가 부족함에도 불구하고 하나님이 먼저 사랑하셨기에 우리가 세례를 받을 수 있는 것입니다. 우리는 아직도 흔들리는데, 그분이 우직하게 붙잡아 주셔서 주님과 연합할 수 있는 것입니다. 우리가 그리스도와 연합할 수 있는 까닭은 우리의 남다름 때문이 아니라, 하나님의 신실하심과 선불제 사랑 때문입니다.

세례, 관계를 바꾸다

세례를 받음으로 그리스도와 연합한다는 것은 거래 관계를 끝낸다는 의미입니다. 그렇습니다. 세례는 관계를 바꿉니다. 이제 우리는 더 이상 하나님과 거래 관계일 수 없습니다. 세례는 완전히 다른 관계로 옮겨 가는 것입니다.

예전에는 죄를 지을 때마다 하나님의 평가가 번복될까 봐 두려워했습니다. '나 같은 게 무슨 성도라고…' 하면서 이리저리 흔들렸습니다. 뭔가 큰 공로를 세워야만 하나님이 나를 인정해 주실 것처럼 오해했습니다. 하나님의 사랑을 차지할 일등 신자들은 따로 있고, 나는 늘 이등 신자나 삼등 신자일 거라고 여겼습니다.

그러나 세례를 받는다는 것은 동거가 아니라 결혼한다는 의미입니다. 이제 더 이상 더 나은 짝을 고르지 않겠다는 것이고, 거래 관계가 끝났다는 의미입니다. 이제는 주님과 연합했다는 의미입니다. 주님과 한 몸이 되기로 언약한 것입니다.

그리스도와 연합한 사람의 복

그리스도와 연합한 사람에 대해 살펴볼 텐데, 먼저 도표 1을 보겠습니다.

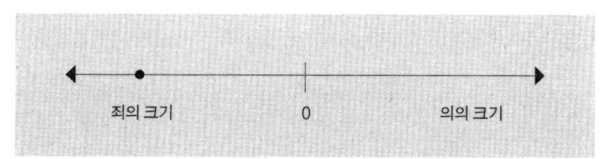

도표 1. 죄인(영적 솔로)

도표 1은 죄인의 그래프입니다. 내가 주님과 연합하기 이전에는 '죄의 크기'가 그래프 왼쪽에 치우쳐 있습니다. 하나님의 은혜를 멸시하고 나 자신의 힘으로만 살려고 했기 때문입니다. 그런데 그리스도와 연합하면 그래프가 어떻게 바뀔까요?

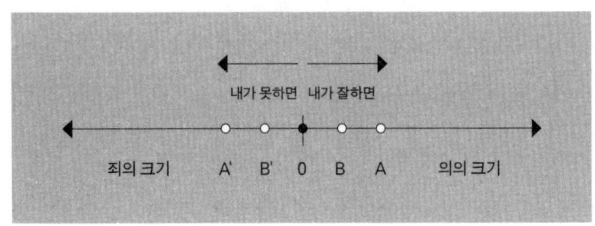

도표 2. 종교인(영적 커플)

예수 그리스도의 십자가를 단지 죄를 씻어 주시는 것으로만 생각하는 그리스도인들이 많습니다. 도표 2는 그런 사람들의 생각을 잘 보여 줍니다. 나의 죄가 주의 보혈로 인해 '제로'(0)가 되었다고 보는 것입니다. 그리고 은혜를 받은 자로서 내가 앞으로 '어떻게 하느냐'에 따라 '의의 크기'가 달라진다고 보는 것입니다. 그래서 내가 하나님께 잘하는 것 같으면 그래프의 오른쪽으로(B) 이동합니다. 그러다가 내가 남들보다 더 오른쪽에(A) 있으면 우쭐해하고, 남들보다 더 왼쪽에 있으면 열등감에 빠지기도 합니다. 또 내가 하나님께 잘 못하는 것 같으면 다시 그래프의 왼쪽으로(B') 이동합니다. 하나님이 왠지 나를 싫어하실 것 같고, 정죄감과 자기연민에 빠지기도 합니다.

도표 2는 종교인의 그래프입니다. 그들은 교회에 출석하고, 성경을 읽고, 기도를 합니다. 하지만 그리스도와 연합한 것은 아닙니다. 그리스도와 연합하여 사는 것이 무엇인지 모릅니다. 그래서 '내가 한 일'에 따라 요동치는 종교생활을 합니다. 교회를 다니므로 영적 커플일 수는 있어도, 주님과 연합한 영적 기혼자는 아닙니다. 언제 헤어질지 몰라서 불안해합니다.

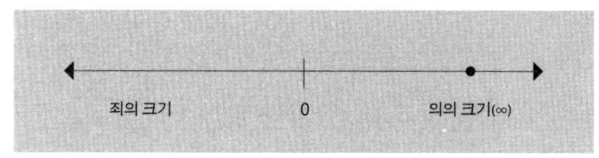

도표 3. 그리스도와 연합한 사람(영적 기혼자)

그러나 세례를 받아 그리스도와 연합한 사람은 완전히 다릅니다. 나의 죄는 그리스도의 피로 깨끗하게 씻겨 제로(0)가 됩니다. 뿐만 아니라 그리스도께서 죽기까지 순종하신 온전한 의가 나의 의가 됩니다. 나의 '의의 크기'는 흔들리지 않습니다. 그리스도의 온전한 의가 나의 의가 되었기 때문입니다.

그리스도의 온전한 의(∞) + 나의 의 = 온전한 의(∞)

그리스도의 온전한 의(∞) - 나의 죄 = 온전한 의(∞)

그리스도와 연합하여 온전한 의를 소유하면, 내가 이루는 몇 가지 의 때문에 나에 대한 하나님의 평가가 달라지지 않습니다. 내가 엄청난 공로를 세운다고 해서 하나님이 특별히 더 사랑하시지 않습니다. 이미 무한대의 온전한 의를 가지고 있기 때문입니다.

마찬가지로 내가 죄를 범했다고 해서 하나님께 버림을 받거나 배제되는 경우도 없습니다. 왜냐하면 이미 무한대의 온전한 의를 가지고 있기 때문입니다. 이것이 바로 동거가 아닌 결혼 언약의 은혜입니다!

하나님께서 나를 이렇게 보시는구나!

이러한 은혜를 피부로 느낀 적이 있습니다. 첫째딸 예람이가 세 살 즈음의 일입니다. 딸아이가 말이 더디어 한 글자로 말하던 때였습니다. '아', '아'는 '아빠'라는 뜻이고 '어', '어'는 '엄마'라는 뜻입니다.

하루는 제가 밤늦게까지 설교 준비를 하고 있는데, 갑자기 제 뒤에서 예람이가 '비', '비' 하는 겁니다. 무슨 말인가 하고 뒤를 돌아보니, 이 꼬맹이가 비타민을 가지고 온 것입니다. 늦은 밤까지 설교 준비를 하는 아빠 힘내라고 가지고 온 것이지요.

예람이가 얼마나 예뻤는지 모릅니다. 저는 많이 바빴지만 의자에서 내려와 딸아이를 꼬옥 안아 주었습니다. 온 세상을 다 가진 듯 행복했습니다. 그러다 문득 이런 생각이 들었습니다. '예람이가 이렇게 예쁜 짓을 안 해도 이 아이를 사랑하는 내 마음이 더하거나 덜하지 않을 거야.'

그리고 예람이가 좀 더 자라서 같이 식탁에 둘러앉아 밥을 먹던 때의 일이 기억납니다. 예람이는 엄마가 차려 놓은 밥을 먹지 않고 핸드폰만 만지작거렸습니다. 그래서 제가 핸드폰을 빼앗으며 물었습니다.

"아빠가 좋아? 핸드폰이 좋아?"

(퉁명하게) "핸드폰."

너무 서운했습니다. 몇 번을 물어봐도 아빠보다 핸드폰이 더 좋다고 했습니다. 그래서 질문을 바꿔 보았습니다.

"그러면 엄마가 좋아? 핸드폰이 좋아?"

(큰 목소리로) "엄마."

이제서야 딸아이가 제정신이 돌아왔구나 싶어서 다시 물었습니다.

"아빠가 좋아? 핸드폰이 좋아?"

(다시 퉁명하게) "핸드폰."

얼마나 서운했는지 모릅니다. 그동안 제가 '해준 게 얼만데' 정말 섭섭했습니다.

하지만 그날도 마찬가지였습니다. 딸아이가 비록 이렇게 얄밉게 굴어도, 그것 때문에 이 아이를 버린다든가, 이 아이를 사랑하는 마음이 더하거나 덜하는 일은 결코 없을 것입니다.

이 일을 통해서 저는 그리스도와 연합한 사람이 누리는 복이 무엇인지를 좀 더 풍성히 깨닫게 되었습니다. "하나님께서 나를 이렇게 보시는구나! 내가 잘하는지 못하는지를 평가하시는 게 아니라, 내가 예람이를 보는 것처럼 그분도 그리스도와 연합한 성도들을 이런 마음과 이런 눈으로 보고 계시구나!"

세례는 이처럼 관계를 완전히 바꿉니다. 우리는 거래 관계에 익숙하고, 동거하듯 하나님을 대할 때가 많습니다. 그러나 세례는 동거가 아니라 결혼 관계로 접어든 것입니다. 더 이상 거래 관계가 아닙니다. 세례는 선불제 사랑으로 다가오신 하나님과 언약을 맺는 것입니다. 세례를 통해 하나님의 신실한 사랑(still love)에 나를 맡기는 것입니다. 세례를 통해 이 은혜를 확인하기 바랍니다. 그리고 우리를 향한 평가를 번복하지 않으시고, 변함없는 사랑을 약속하신 삼위 하나님 안에서 안식을 누리기 바랍니다.

> 우리가 아직 죄인 되었을 때에 그리스도께서 우리를 위하여 죽으심으로 하나님께서 우리에 대한 자기의 사랑을 확증하셨느니라(롬 5:8).

베네초 고출리, 〈아우구스티누스의 세례식〉, 1465년

세례, 옷을 바꾸다

**

누구든지 그리스도와 합하기(into Christ) 위하여 세례를 받은 자는 그리스도로(with Christ) 옷 입었느니라. 너희는 유대인이나 헬라인이나 종이나 자유인이나 남자나 여자나 다 그리스도 예수 안에서(in Christ) 하나이니라. 너희가 그리스도의 것이면(belong to Christ) 곧 아브라함의 자손이요 약속대로 유업을 이을 자니라. 갈라디아서 3:27-29

세례, 정체성을 바꾸다

내가 사귀고 있는 여자 친구가 웨딩드레스를 입고 찍은 사진을 어디선가 발견하게 된다면 어떨까요? 아마 깜짝 놀랄 것입니다. 웨딩드레스는 미혼이 아니라 기혼이라는 정체성을 보여 주기 때문입니다.

세례도 옷을 갈아입는 것과 같습니다. 새 옷을 입으려고 몸을 물로 깨끗하게 씻는 것처럼, 세례는 우리를 물로 정결하게 하고 그리스도라는 새 옷을 입혀 줍니다. 세례는 우리의 정체성을 바꿔 줍니다.

스탠리 하우어워스(Stanley Hauerwas)는 성도의 정체성을 다음과 같이 표현합니다. "우리는 더 나은 사람이 되는 것이 아니라 그리스도인이 되는 것이다. 즉 우리는 자신이 다른 사람보다 더 낫다고 주장할 필요가 없는, 그런 예수의 제자가 되는 것이다."*

종교 vs 복음

앞 장에서 우리는 그리스도와 연합한 사람의 복에 대해 살펴

---

* 스탠리 하우어워스, 윌리엄 윌리몬, 『주여, 기도를 가르쳐 주소서』(복있는사람, 2006), 32쪽.

보았습니다. 그리스도와 연합하면, 그리스도가 갖고 계신 무한대의 의를 선물로 받게 됩니다. 우리 주님의 혼수품은 '온전한 의'이기 때문입니다. 그런데 이를 가능하게 하는 것이 바로 '그리스도로 옷 입는' 것입니다. NIV 성경은 이 부분을 'with Christ'로 번역했습니다. 이것은 나의 의를 가지고 새 옷을 입는 것이 아닙니다. 나의 노력이나 결단, 의지를 가지고 새 옷을 입는 것이 아닙니다. 그리스도로 옷 입는 것입니다.

종교는 '노력하라'고 하고, 복음은 '믿으라'고 합니다. 세상 종교는 '의의 옷을 입을 때까지 애쓰라'고 조언합니다. 수행이든, 고행이든, 선행이든 계속해서 노력하라고 합니다. 그러면 더 나은 사람이 되어서 언젠가 의의 옷을 입고 신의 은총을 누리게 될 거라고 합니다.

그러나 복음은 이와 다르게 말합니다. 종교는 우리에게 의의 경지에 '오르라'고 조언하지만, 복음은 우리에게 하나님이 '내려오셨다'고 말합니다. 우리의 수준을 높여서 하나님에게 이르는 것이 아니라, 하나님이 내려오셔서 낮은 우리와 연합하신 것입니다. 언젠가 우리의 수준이 높아져서 이 은혜를 누리게 되는 것이 아닙니다. 여전히 죄인이고 심지어 원수 된 자이지만 이 은혜를 이미 주셨으니 믿으라는 것입니다. 그래서 복음은 '좋은 조언'이 아니라 '좋은 소식'입니다.

바울은 그리스도로 "옷 입을 것이다"라고 말하지 않고, "옷 입었느니라"(have clothed)고 말합니다. 우리가 노력해서 언젠가 옷 입게 되는 것이 아니라, 우리가 그리스도와 연합할 때 그 즉시 그리스도로 옷 입습니다.

부끄러움 다루기 : 무화과나무 잎 치마, 가죽옷

이 사실을 확인해 볼까요? 우선 창세기 3장을 보겠습니다.

> 이에 그들의 눈이 밝아져 자기들이 벗은 줄을 알고 무화과나무 잎을 엮어 치마로 삼았더라(창 3:7).

하나님을 떠난 아담은 자신이 벌거벗은 것을 알게 됩니다. 그가 가장 먼저 깨달은 것은 부끄러움이었습니다. 하나님을 떠난 아담은 무화과나무 잎으로 자기 수치를 가렸습니다.

사람들이 부끄러움을 다루는 방법이 몇 가지 있습니다. 첫 번째 방법은 '완벽해지는 것'입니다. 팀 켈러(Tim Keller) 목사님은 '부풀린 자아'에 대해 말합니다.* 이것은 다른 사람의 시선에서 벗어나 자유를 누리려고 자신을 한없이 부풀리는 것을 말합니다. 즉, 더 완벽한 사람으로 보여서 부끄러움을 극복하려는 시도입니다. 더 완벽한 대학, 더 완벽한 직장, 더 완벽한 결혼으로 자신을 부풀립니다. 이것은 마치 풍선에 계속해서 바람을 불어넣는 것과 같습니다. 하지만 이런 방식은 결국 터져 버리고 맙니다.

두 번째 방법은 '가리기'와 '숨기기'입니다. 무화과나무 잎으로 치마를 엮는 것입니다. 그리고 서로의 잎사귀를 비교합니다. '나는 무화과나무 잎이 다섯 개인데, 너는 겨우 세 개에 불과하구나!' 이렇게 여기면서 다른 사람보다 내가 더 낫다는 식의 위로를 얻으려 합니다. 그게 안 되면 내 잎은 더 두껍다든지, 내 잎은 색깔이 더 예쁘다는 식으로 비교합니다. 그러나 시간이 지나면 무화과나무 잎은 시들게 마련입니다.

세 번째 방법은 '복음'의 방식입니다. 내가 벌거벗었는데도 아랑곳하지 않는 파트너를 갖는 것입니다. 내가 벌거벗었는데도 정죄하지 않고, 사랑으로 그 허물을 가려 주는 동반자를 갖는 것입니다. 부끄러운 상황에서도 나를 신실하게 사랑하는

---

* 티모시 켈러, 『복음 안에서 발견한 참된 자유』(복있는사람, 2012), 29쪽.

누군가가 있는 것입니다.

에덴 동산의 하나님이 바로 그렇게 하셨습니다. 하나님은 아담에게 선악과를 따 먹으면 반드시 죽는다고 말씀하셨고, 뱀은 결코 죽지 않는다고 말했습니다. 둘 사이에서 갈등하던 아담은 결국 뱀을 따르고 하나님을 떠났습니다. 하지만 그럼에도 불구하고 하나님은 아담에게 가죽옷을 지어 입히셨습니다(창 3:21). 죄를 지은 아담이 피를 흘려야 하는데, 하나님은 아담 대신 짐승을 죽여 그의 부끄러움을 가려 주셨습니다. 아담의 수치를 가죽옷으로 덮어 주셨습니다.

원래 아담과 하와는 벌거벗었으나 부끄러워하지 않았습니다(창 2:25). 그런데 선악과를 따 먹은 후에는 부끄러워했고, 무화과나무 잎으로 치마를 엮어서 몸을 가렸습니다(창 3:7). 자신들이 벌거벗은 것 때문에 하나님을 두려워하여 숨었습니다(창 3:10). 도대체 선악과가 뭐길래, 벌거벗은 것이 문제가 되게 했을까요?

하나님이 창조하신 아담과 하와의 몸매는 어땠을까요? 아마 완벽했을 것 같습니다. 그래서 선악과를 따 먹기 전에는 서로 부끄러워하지 않았을 수도 있었겠지요. 그런데 선악과를 따 먹은 후에는 벌거벗은 것이 문제가 됩니다. 선악과가 설사약 같아서 살이 쫙 빠진 걸까요? 아니면 선악과가 고칼로리

과일이라서 갑자기 비만이 된 것일까요? 아니요. 그렇지 않습니다. 그들의 몸매 문제가 아닐 것입니다.

　죄가 사람과 하나님의 관계를 깨뜨린 것처럼, 아담과 하와 두 사람의 관계도 깨뜨렸을 것입니다. 하나님의 말씀으로도 통제되지 않는 각자의 욕망과 자기중심성을 확인하게 되었을 것입니다. 하나님은 그들에게 에덴 동산의 풍성함도 주셨고, 돕는 배필도 주셨으며, 하나님과의 친밀한 교제도 누리게 하셨고, 강력한 경고도 하셨습니다. 하지만 그럼에도 불구하고 선악과를 향한 욕망을 절제하지 못하는 각자의 죄성을 발견하게 되었을 것입니다. 하나님의 말씀으로도 통제되지 않는 사람을 신뢰할 수 없게 되고, 결국 서로를 못 믿게 되었습니다. 저 사람이 나의 벌거벗은 것을 품어 주리라고 기대할 수 없게 되었습니다.

　그렇습니다. 서로에 대한 신뢰가 깨지자 다른 사람의 시선이 걸리적거립니다. 예전에는 벌거벗은 것이 서로에게 문제가 되지 않았는데, 이제는 부담이 되어 버렸습니다. 그래서 상대방의 시선을 의식하며 스스로 완벽해지겠다고 자신을 부풀립니다. 아니면 상대방이 나의 빌거벗음을 보지 못하도록 무화과나무 잎을 엮어 수치를 가리기도 합니다. 자신을 부풀리든 아니면 자신을 가리든, 이것은 둘 다 스스로 노력하고 애써서 부끄러움을 감추려는 시도입니다. 즉 자신을 증명해 보이겠다는 시도입니다.

그러나 가죽옷은 이와 다릅니다. 내가 지어 입은 옷이 아니라 하나님이 입혀 주신 옷입니다. 아담은 자신의 욕망을 따르느라 하나님의 은혜를 저버렸지만 그럼에도 불구하고 하나님은 신실하셨습니다. 하나님은 아담 대신 짐승을 잡아 가죽옷을 만들어 그들의 수치를 덮어 주셨습니다. 아담과 하와는 벌거벗었지만 그분의 변함없는 사랑 때문에 부끄러움을 가릴 수 있었습니다.

자신의 수치와 부끄러움을 어떻게 다루고 있습니까? 자신을 끊임없이 부풀리고 있나요? 아니면 무화과나무 잎으로 부끄러움을 가리고 있나요? 아니면 벌거벗은 우리에게 가죽옷을 입혀 주시는 하나님의 신실한 사랑을 신뢰하고 있나요?

하나님이 우리에게 입혀 주시는 가죽옷을 우리는 세례에서도 보게 됩니다. 바울은 세례를 받은 사람은 그리스도로 옷 입었다고 말합니다.

> 누구든지 그리스도와 합하기 위하여 세례를 받은 자는 그리스도로 옷 입었느니라(갈 3:27).

물세례 : 그리스도로 옷 입기

결혼식 때 신랑 신부가 서약의 증표로 반지를 주고받음으로써 두 사람이 하나 됨을 보여 주는 것처럼, 물세례는 우리가 그리스도와 연합한 것을 보여 줍니다.

> 만일 우리가 그의 죽으심과 같은 모양으로 연합한 자가 되었으면 또한 그의 부활과 같은 모양으로 연합한 자도 되리라(롬 6:5).

세례(침례)를 받을 때 물에 잠김으로써 우리는 그리스도의 죽으심과 같은 모양이 됩니다. 즉 우리의 옛 사람이 죽는 것입니다. 하지만 물에서 다시 올라옴으로써 그리스도의 부활과 같은 모양이 됩니다. 즉 새 사람으로 부활한 것입니다.

바울은 옛 사람을 벗어 버리고, 새 사람을 입으라고 권면합니다.

> 너희는 유혹의 욕심을 따라 썩어져 가는 구습을 따르는 옛 사람을 벗어 버리고 오직 너희의 심령이 새롭게 되어 하나님을 따라 의와 진리의 거룩함으로 지으심을 받은 새 사람을 입으라(엡 4:22-24).

물세례는 십자가에 달리신 주님이 옆구리를 찔려 흘리신 '피와 물'(요 19:34)을 보여 줍니다. 즉 예수님이 범죄한 우리를 대신하여 죽으셨음을 보여 줍니다. 우리는 이 사실을 믿음으로써 예수님의 죽으심에 연합하게 됩니다. 우리 대신 예수님이 죽으심으로 우리는 옛 사람을 벗어 버리게 되었습니다. 우리는 세례(침례)를 받을 때 물에 잠김으로써 이 믿음을 고백하는 것입니다.

물세례는 또한 부활하신 주님을 보여 줍니다. 우리는 물에서 일으킴을 받음으로써, 우리의 부활을 보게 됩니다. 즉 물세례를 통해 '물과 성령'(요 3:5)으로 거듭나는 은혜를 보는 것입니다. 에스겔이 말한 것처럼 '새 영이 부어져서 우리의 굳은 마음을 제거하고 부드러운 마음을 주는 것'입니다(겔 36:26 참조). 이것이 바로 심령이 새롭게 되어 새 사람을 입는 것을 의미합니다. 우리에게 새 사람을 옷 입혀 주시는 하나님을 찬양합니다.

우리를 대신하려면

새 사람을 입는 것은 우리의 능력이 아닙니다. 이는 주님의 대속의 은혜로만 가능합니다. 이 새 사람은 내가 지어 입는 옷이 아니라 하나님이 입혀 주신 옷입니다. 예수 그리스도께서 우리를 대신하여 흘리신 피와 물로, 또 물과 성령으로 새 사람을 지어 입혀 주신 것입니다.

그러나 주님이 우리를 대신하려면 일정한 조건이 충족되어야 합니다. 대리운전조차 아무나 대신할 수 없으며, 반드시 갖춰야 할 조건이 있습니다.

조건	대리기사	예수 그리스도
관련성	내 차에 타야 한다.	사람이어야 한다.
무죄성	술에 취하면 안 된다.	죄가 있으면 안 된다.
능력	운전할 줄 알아야 한다.	온전한 의가 있어야 한다.
신분	믿을 만한 협회에 소속되어야 한다.	하나님이어야 한다.

첫 번째 조건은 '관련성'입니다. 대리기사를 불렀는데 내 차에 타지 않고 엉뚱한 차에 탄다면, 나를 대신할 수 없습니다. 마찬가지로 예수님이 우리를 대신하려면 반드시 사람이어야 합니다.

세상 모든 종교의 창시자들은 자꾸 남다름을 증명하려고

합니다. 석가모니는 태어나자마자 걸었고, '천상천하 유아독존'을 외쳤다고 합니다. 그런데 예수 그리스도는 우리와 같이 갓난아기로 태어나셨고, 성장 과정도 특별하지 않았습니다. 태어나자마자 권능을 행하실 수도 있었을 텐데, 여느 아기처럼 자라셨습니다. '천상천하 유아독존'을 외친 게 아니라 '응애'를 외쳤습니다.

예수님의 공생애도 별반 다르지 않습니다. 사탄은 광야에서 40일 동안 금식한 예수님에게 "하나님의 아들이어든 돌로 떡을 만들어 보라"고 유혹하고, "하나님의 아들이어든 성전 꼭대기에서 뛰어내려 보라"고 유혹합니다. 이처럼 사탄은 신적 능력으로 사역하라고 예수님을 유혹합니다. 그러나 주님은 철저히 인간으로서 이 시험을 버티셨습니다. 왜냐하면 신적 능력으로 자신을 증명하러 오신 게 아니라, 우리를 대신하러 오셨기 때문입니다.

두 번째 조건은 '무죄성'입니다. 대리기사가 술에 취하면 안 됩니다. 대리기사가 술에 취한 상태라면 대신 운전할 수 없습니다. 이와 마찬가지로 주님이 우리를 대신하려면 죄가 있으면 안 됩니다.

히브리서 기자는 말합니다.

> 우리에게 있는 대제사장은 우리의 연약함을 동정하지 못하실 이가 아니오 모든 일에 우리와 똑같이 시험을 받으신 이로되 죄는 없으시니라(히 4:15).

주님은 '모든 일에' 우리와 '똑같이' 시험을 받으셨습니다. 그러나 그분은 죄가 없습니다. 만약 주님께 죄가 있다면, 우리를 대신할 수 없습니다. "죄의 삯은 사망"(롬 6:23)이기 때문입니다. 주님께 죄가 있다면, 그분도 죽음으로 끝나고 말았을 것입니다. 결코 부활이 없었을 것입니다. 주님의 부활은 그분이 죄 없는 삶을 사셨다는 것을 보여 줍니다.

세 번째 조건은 '능력'입니다. 대리기사가 내 차를 잘 찾아왔고, 술도 취하지 않았지만, 만약 운전할 줄 모른다면 어떨까요? 내 차를 대신 운전할 수 없습니다. 이와 마찬가지로 주님이 우리를 대신하려면 온전한 의가 있어야 합니다. 온전한 의가 없으면 그 누구도 하나님 앞에 설 수 없기 때문입니다. 주님에게 온전한 의가 없으면 우리를 하나님께로 인도할 수 없습니다.

율법의 요구는 무엇입니까? 율법을 어겼을 때 형벌을 받는 것입니다. 예수 그리스도는 십자가에서 이것을 감당하셨습니다. 율법의 또 다른 요구는 무엇입니까? '모든' 율법을 '항상' 지켜 '온전한 의'를 이루는 것입니다. 주님은 십자가에서 "다 이루었다"고 말씀하시고, 마지막 숨을 거두셨습니다. 예수 그리스도는 모든 율법을 항상 순종하여 온전한 의를 이루셨습니다. 율법에 순종하지 않아도 되는 분인데, 우리를 대신하기 위해 그렇게 하셨습니다.

히브리서 기자는 아주 중요한 구절을 들려줍니다.

> 그는 육체에 계실 때에 자기를 죽음에서 능히 구원하실 이에게 심한 통곡과 눈물로 간구와 소원을 올렸고 그의 경건하심으로 말미암아 들으심을 얻었느니라(히 5:7).

주님은 우리를 대신하기 위해 신적 능력을 벗고 인간이 되셨습니다. 주님은 우리를 대신하기 위해 죄 없는 삶을 사시며, 율법에 온전히 순종하셨습니다. 예수님은 하나님이시므로 그렇게 하는 것이 당연하고 쉬웠을 거라고 생각하나요? 그렇지 않습니다. 우리 주님은 하나님과 동등됨을 취하지 않으셨습니다. 그분은 심한 통곡과 눈물로 간구와 소원을 하나님께 올려드렸습니다. 저는 이 구절이 너무 은혜가 됩니다. '주님도 우리를 대신하기 위해 이토록 심한 통곡과 눈물을 흘리셨구나!' 우리를 대신하려고 애쓰시는 주님의 모습이 자꾸 떠오릅니다.

마지막 조건은 '신분'입니다. 대리기사가 믿을 만한 협회나 단체에 소속되어야 신뢰할 수 있습니다. 주님도 우리를 대신하기 위해 필요한 신분이 있습니다. 만약 예수님이 그저 의로운 사람이었다면, 당시 몇몇 사람들만 대속의 은혜를 누렸을 것입니다. 그러나 모든 시대의 모든 사람을 대신하려면 하나님이셔야 합니다. 우리 주님이 하나님이셔야 오늘날을 살아가는 우리도 2천 년 전 복음의 은혜를 받을 수 있습니다.

　우리는 그리스도로 옷 입은 자들입니다. 자기 의로 살아가는 자들이 아니라 그리스도의 대속하신 은혜를 신뢰하며 살아가는 자들입니다. 주님은 우리를 대신하기 위한 모든 조건을 충족시키기 위해 심한 통곡과 눈물로 기도하며 사셨습니다. 그러므로 우리는 더 이상 부풀린 자아로 살아가는 자들이 아닙니다. 무화과나무 잎으로 수치를 가리며 살아가는 자들도 아닙니다. 우리의 벌거벗음에도 불구하고 신실한 사랑으로 자신을 내어 주신 주님을 신뢰하며 살아가는 자들입니다. 이처럼 우리의 정체성이 새로워졌습니다. 우리를 대속해 주신 주님의 은혜를 온 마음 다해 찬양합니다.

　예수 더 알기 원하네

크고도 넓은 은혜와 대속해 주신 사랑을

간절히 알기 원하네

내 평생의 소원 내 평생의 소원

대속해 주신 사랑을 간절히 알기 원하네.

세례식의 웨딩드레스, 어린 양의 피로 씻은 흰옷

요한은 그리스도로 옷 입는 것이 무엇인지를 풍성하게 설명해 줍니다.

> 장로 중 하나가 응답하여 나에게 이르되 이 흰옷 입은 자들이 누구며 또 어디서 왔느냐 내가 말하기를 내 주여 당신이 아시나이다 하니 그가 나에게 이르되 이는 큰 환난에서 나오는 자들인데 어린 양의 피에 그 옷을 씻어 희게 하였느니라(계 7:13-14).

요한은 성도들을 '흰옷 입은 자들'로 묘사합니다. 그들은 '큰 환난에서 나오는 자들'입니다. 그들의 현실이 녹록지 않지만 더럽혀진 채로 방치하지 않습니다. 어린 양의 피에 자기 옷을 씻어 희게 했습니다.

이뿐만이 아닙니다. 더 놀라운 사실이 있습니다.

> 자기 두루마기를 빠는 자들은 복이 있으니 이는 그들이 생명나무에 나아가며 문들을 통하여 성에 들어갈 권세를 받으려 함이로다(계 22:14).

요한은 자기 두루마기를 빠는 자들은 복이 있다고 말합니다. 옷을 빠는 일은 우리의 일상에서 반복되는 일입니다. 그리스도로 옷 입었음에도 불구하고 또다시 '자기의'의 옷을 입으려 하고, 무화과나무 잎 치마를 입으려 하는 우리의 뿌리 깊은 죄성 때문에 그렇습니다. 하나님은 우리를 어린 양의 피로 날마다 씻어 주시며, 다시금 그리스도로 옷 입게 하십니다.

> 우리가 즐거워하고 크게 기뻐하며 그에게 영광을 돌리세 어린 양의 혼인 기약이 이르렀고 그의 아내가 자신을 준비하였으므로 그에게 빛나고 깨끗한 세마포 옷을 입도록 허락하셨으니 이 세마포 옷은 성도들의 옳은 행실이로다(계 19:7-8).

어린 양의 피로 씻은 흰옷은, 주님께서 우리에게 허락하신 '빛나고 깨끗한 세마포 옷'이므로 우리는 즐거워하고 크게 기뻐할 것입니다. 우리는 '생명나무에 나아가며 문들을 통하여 성에 들어갈 권세를' 받게 될 것입니다. 왜냐하면 세례를 받음으로 그리스도와 함께(with Christ) 사는 자가 되었기 때문입니다.

> 이기는 자는 이와 같이 흰옷을 입을 것이요 내가 그 이름을 생명책에서 결코 지우지 아니하고 그 이름을 내 아버지 앞과 그의 천사들 앞에서 시인하리라(계 3:5).

세례, 가족을 바꾸다

누구든지 그리스도와 합하기(into Christ) 위하여 세례를 받은 자는 그리스도로 (with Christ) 옷 입었느니라. 너희는 유대인이나 헬라인이나 종이나 자유인이나 남자나 여자나 다 그리스도 예수 안에서(in Christ) 하나이니라. 너희가 그리스도의 것이면(belong to Christ) 곧 아브라함의 자손이요 약속대로 유업을 이을 자니라. 갈라디아서 3:27-29

새로운 가족이 생기다

가족과 같은 분위기. 참 듣기 좋은 말 아닙니까? 그런데 그것처럼 어려운 말도 없는 것 같습니다. 공동체에서 아무리 '하나 되자'고 외쳐도 쉽게 하나 되지 않습니다. 누군가와 관계를 맺어 나가는 일처럼 부담스러운 것이 없습니다. 그래서 그냥 혼자 있거나, 아니면 자신과 비슷한 부류들만 만나려고 합니다. 인간관계 프로그램을 돌리고, 공동체 활동을 하고, 함께 수련회를 다녀와도 가족처럼 지내기란 쉽지 않습니다.

제가 아내의 가족을 처음으로 만난 것은 결혼하기 한 달 전 즈음이었습니다. 장모님과 1남 4녀의 형제자매를 만나러 대구로 내려갔습니다. 얼마나 긴장되었는지 모릅니다. 많은 가족이 좁은 방에 모여 있다 보니, 왁자지껄하여 정신이 하나도 없었습니다. 더구나 경상도 사투리가 오가자 무슨 말인지 알아듣기 어려웠습니다. 낯설고 어색한 그 시간을 버텨 내고, 간신히 인사를 드리고 서울로 올라왔습니다.

그로부터 한 달 뒤에 결혼식을 하자 새로운 가족이 생겼습니다. 아내의 어머니가 제 어머니가 되었습니다. 아내의 형제자매와 그 가족들이 제 가족이 되었습니다. 단 한 번 만났을 뿐인데, 아내와 결혼하자 열네 명이 한꺼번에 제 가족이 되었습니다. 이름도 미처 다 외우지 못했는데 가족이 되었습니다. 사투리를 알아듣지 못해서 의사소통이 잘된 것도 아닌데 가족이 되었습니다.

    결혼하면 이렇게 가족이 생깁니다. 통하는 것이 하나도 없고, 기질이나 성향이 다 달라도 가족이 됩니다. '잘해 보자', '노력하자', '하나 되자'고 결단한 것이 아닙니다. 결혼하자 가족이 된 것입니다. 좀 더 알아 가고 친밀해진 후가 아니라, 결혼하자마자 가족이 되었습니다. 결혼이 단번에 모든 것을 바꿔 버렸습니다.

세례, 가족을 바꾸다

세례도 마찬가지입니다. 갈라디아서 3장 28절입니다.

> 너희는 유대인이나 헬라인이나 종이나 자유인이나 남자나 여자나 다 그리스도 예수 안에서 하나이니라.

유대인과 헬라인은 피가 한 방울도 섞이지 않은 완전한 남입니다. 종과 자유인은 쓰는 말부터가 확연히 다른 남입니다. 남자와 여자 역시 그 기질과 성향이 하나 되기 어려운 남입니다. 그런데 이들이 다 그리스도 예수 안에서 하나 됩니다.

이와 비슷한 말씀이 고린도전서 12장 13절에 나옵니다.

> 우리가 유대인이나 헬라인이나 종이나 자유인이나 다 한 성령으로 세례를 받아 한 몸이 되었고 또 다 한 성령을 마시게 하셨느니라.

유대인이나 헬라인, 종이나 자유인이 완전한 남이었는데 놀랍게도 한 몸이 되었습니다. 어떻게 그런 일이 일어났습니까? '세례를 받아' 한 몸이 되었기 때문입니다. 유대인과 헬라인이 인간관계 프로그램을 통해서 하나 된 것이 아닙니다. 종과 자유인이 워크숍을 다녀와서 하나 된 것이 아닙니다. 남자와 여자가 대화 훈련으로 하나 된 것이 아닙니다. 이들은 모두 '그리스도 예수 안에서'(in Christ) 하나 된 것입니다. 세례를 통해 그리스도와 연합하자 모두 하나 되었습니다. 그러므로 교회 공동체에서 세례를 받은 형제자매는 나의 가족이 됩니다.

세례, 교회와 결혼하다

사도행전 2장 41절은 이 부분을 아주 잘 드러내고 있습니다.

> 그 말을 받은 사람들은 세례를 받으매 이날에 신도의 수가 삼천이나 더하더라.

오순절에 베드로의 설교를 듣고 그의 말을 받아들인 사람들이 세례를 받자 신도의 수가 3천 명이나 늘었습니다. 세례를 받은 사람들은 신도의 공동체에 더해집니다. 이처럼 세례는 주님과의 일대일 결혼으로 그치지 않습니다. 하나님의 가족으로, 그리스도의 몸으로, 함께 지어져 가는 성령의 전으로 더해집니다.

결혼을 흔히 집안과 집안 간의 결혼이라고 말합니다. 이와 마찬가지로, 세례도 교회와의 결혼입니다. 세례는 주님과의 연합일 뿐 아니라 교회와의 연합이기도 합니다. 우리는 아담처럼 하나님으로부터 독립을 선언한 자였습니다. 그러나 세례를 통해 다시금 하나님과 연합하게 되었습니다. 또한 예전에는 가인처럼 형제와 공동체로부터 독립하여 자신만을 위해 살았습니다. 그러나 세례를 통해 다시금 공동체와 연합하게 되었습니다. 그러므로 세례를 받는 것은 교회와도 결혼한다는 의미입니다.

결혼식 때 신랑 신부가 결혼 서약을 하는 것처럼, 세례식 때도 성도들 앞에서 공적으로 서약하는 시간을 가집니다. 세례 서약의 질문은 다음과 같습니다.

- 여러분은 자신이 하나님 앞에 죄인인 줄 알며, 마땅히 그의 진노를 받아 죽음에서 오직 하나님의 은혜로만 구원 얻을 소망밖에 없는 사람인 줄 아십니까?

- 여러분은 주 예수 그리스도께서 하나님의 아들이심과 죄인의 구주이심을 믿으며, 말씀을 따라 구원하실 분은 오직 예수님뿐인 줄 알고 그를 믿으며 그를 의지하십니까?

- 여러분은 지금 오직 성령의 은혜에 의지하여 그리스도를 좇아 모든 죄를 버리고 그의 가르침대로 살기로 작정하십니까?

- 여러분은 이 교회의 다스림과 치리에 복종하고 그 거룩함과 화평함을 이루도록 힘쓰기로 다짐하십니까?

첫 번째, 두 번째, 세 번째 질문은 삼위 하나님과의 관계를 묻는 질문입니다. 즉 삼위 하나님과 결혼 언약을 맺을 것인지 묻는 질문입니다. 이것은 혼자 살아가던 사람이 이제는 하나님을 의지하고 그분과 연합하여 살겠느냐는 질문이며, 자기 힘으로 구원을 이루려고 하던 사람이 이제는 그리스도로(with Christ) 살겠느냐는 질문이며, 자신의 정욕을 위해 살던 사람이 이제는 내주하시는 성령의 인도하심을 따라 살겠느냐는 질문입니다.

이 질문들도 아주 중요하지만, 여기서 제가 주목하고 싶은 것은 네 번째 질문입니다. 이 질문은 교회와의 관계를 묻는 질문입니다. 삼위 하나님과의 관계는 교회와의 관계와 결코 분리되지 않습니다. 삼위 하나님의 다스림과 치리는 개인적으로 체험하는 것이 아닙니다. 삼위 하나님의 다스림은 교회의 다스림과 치리로 드러납니다. 그리고 교회의 다스림과 치리는 거룩함과 화평함을 이루게 합니다.

이 네 번째 질문, "여러분은 이 교회의 다스림과 치리에 복종하고 그 거룩함과 화평함을 이루도록 힘쓰기로 다짐하십니까?"를 살펴보면, 우리가 힘써야 할 것이 무엇인지 알 수 있습니다. 교회의 '거룩함'과 '화평함'입니다. 유대인이나 헬라인이 다 그리스도 안에서 하나 되는 것이 거룩함입니다. 종과 주인이, 남자와 여자가 주 안에서 하나 됨을 힘써 지키는 것이 화평함입니다.

이 세상은 끊임없이 편을 가릅니다. 최근에 초등학교 아이들이 우리 가슴을 아프게 한 일이 있었습니다. 고급 아파트에 사는 아이들이 다세대 주택에 사는 아이들을 '주택 것들'이라고 폄하한 일입니다. 이 세상은 끊임없이 아파트와 주택으로 가르고, 좌와 우로 나누고, 갑과 을로 나누고, 금수저와 흙수저로 나눕니다.

하지만 교회는 세상과 다릅니다. 참으로 독특한 곳입니다. 이 세상 어디에도 교회처럼 여러 세대, 여러 계층의 사람들이 함께 모여서 설교를 듣고 동역하는 집단이 없습니다. 어린아이부터 노인에 이르기까지 교회에서 함께 예배를 드리고, 가난한 사람들과 부유한 사람들이 교회에서 함께 훈련을 받습니다. 세상은 '편'을 만들지만, 교회는 '곁'을 만듭니다. 교회에서는 유대인 곁에 헬라인이 앉고, 종의 곁에 주인이 섭니다.

결혼한 부부가 친정과 시댁을 나누는 것이 어리석은 일이듯, 세례를 받은 그리스도인이 편을 나누는 것은 어리석은 일입니다. 세례는 '편'을 만들던 것을 멈추고, '곁'을 두겠다는 선언입니다. 유대인 출신의 사람이 세례를 받는다는 것은 헬라인 곁에 앉겠다는 뜻입니다. 종이 세례를 받는 모습을 바라보는 주인은 이제 그를 종이 아니라 곁에 있는 존귀한 사람으로 여기는 것입니다. 이처럼 세례는 특권과 차별을 씻어 내고, 연대와 연합을 옷 입는 예식입니다.

그러면 세례는 어떻게 '편'을 '곁'으로 바꾸는 것일까요? 에베소서 2장 13절입니다.

> 이제는 전에 멀리 있던 너희가 그리스도 예수 안에서 그리스도의 피로 가까워졌느니라.

이 말씀을 처음 읽을 때는, 내가 하나님과 가까워진 것으로 이해했습니다. 그러나 다음 구절들을 읽으면서 좀 더 깊이 이해하게 되었습니다.

> 그리스도는 우리의 평화이십니다. 그리스도께서는 유대 사람과 이방 사람이 양쪽으로 갈라져 있는 것을 하나로 만드신 분이십니다. 그분은 유대 사람과 이방 사람 사이를 가르는 담을 자기 몸으로 허무셔서, 원수된 것을 없애시고, 여러 가지 조문으로 된 계명의 율법을 폐하셨습니다. 그분은 이 둘을 자기 안에서 하나의 새 사람으로 만들어서 평화를 이루시고, 원수된 것을 십자가로 소멸하시고 이 둘을 한 몸으로 만드셔서, 하나님과 화해시키셨습니다(엡 2:14-16, 새번역).

이 구절들에서 알 수 있듯이, 그리스도의 피는 나와 하나님의 관계만 가깝게 한 것이 아니라, 유대인과 이방인의 관계도 가깝게 했습니다. 주님의 피는 유대인과 이방인 사이를 가르는 담을 무너뜨렸습니다. 그리고 이 둘을 그리스도 안에서(in Christ) '하나의 새 사람'으로 만듭니다. 이 둘을 '한 몸'으로 만듭니다. 그리스도의 피가 '하나의 새 사람'이 되게 하고, '한 몸'이 되게 합니다.

세례는 여기에서 한 걸음 더 들어갑니다. 세례는 우리 때문에 피 흘리신 예수 그리스도를 보여 줍니다. 주님은 우리를 대신하기 위해 십자가에서 죽으셨습니다.

> 무릇 그리스도 예수와 합하여 세례를 받은 우리는 그의 죽으심과 합하여 세례를 받은 줄을 알지 못하느냐(롬 6:3).

세례는 연합입니다. 주님의 죽으심과 연합하여 주님과 함께 죽었다는 것을 보여 주는데, 이것은 서로를 원수 되게 하고 편을 만들어 내던 옛 사람을 죽이는 것입니다.

'내가 하면 로맨스, 네가 하면 불륜'이라는 자기중심성이 죽고, '이래야 한다'는 자기 의가 죽는 것입니다. 자기자랑은 편을 만드는 공장입니다. 나는 아파트에 사니까, 나는 스펙이 높으니까, 나는 옳으니까 등의 자기자랑이 편을 만들어 냅니다. 그러나 세례를 받음으로 자기자랑이 그리스도와 함께 죽는 것입니다.

또한 세례는 우리를 위하여 함께 사시는 예수 그리스도를 보여 줍니다. 세례(침례) 때 우리는 물속에 잠길 뿐 아니라 다시 일으킴을 받습니다.

> 이는 죽은 자가 죄에서 벗어나 의롭다 하심을 얻었음이라. 만일 우리가 그리스도와 함께 죽었으면 또한 그와 함께 살 줄을 믿노니(롬 6:7-8).

이처럼 세례는 죄에서 벗어나는 것은 물론이고, 그리스도와 연합하여 의로운 삶을 살 것을 보여 줍니다.

그런데 여기서 분명히 짚고 넘어가야 할 것이 하나 있습니다. 우리가 주님의 십자가를 오해하고 있다는 것입니다. 주님은 나를 '위하여' 죽으셨지만, 너 '때문에' 십자가를 지셨다고 생각합니다. 나 '때문에' 죽으신 것은 빼고, 너를 '위하여' 피를 흘리신 것을 간과합니다. 그러나 반드시 기억하십시오. '우리'입니다.

십자가는 주님이 나 '때문에' 죽으셨음을 기억하게 합니다. 또한 십자가는 주님이 너를 '위하여' 피를 흘리셨음을 보여 줍니다. 그러므로 자기확신에 빠져 있는 자신을 향해서는 끝까지 의심하게 만듭니다. "과연 이게 옳은 것일까?"를 고민하며 자신이 틀릴 수도 있음을 겸손히 받아들이게 합니다. 또한 십자가는 내가 무시하던 상대를 향해서는 끝까지 기대하게 만듭니다. 주님이 저 사람도 위하고 계시기에 그가 점점 더 좋아질 것이라고 믿기 때문입니다.

그리스도는 우리의 화평이십니다. 그래서 유대인과 헬라인이 하나의 새 사람이 됩니다. 종과 주인이 하나 됩니다. 남자와 여자가 한 몸이 됩니다. 세례를 받음으로 교회 공동체를 가족으로 받아들입니다. 또 다른 성도의 세례식을 통해 그들이 하나님의 가족 공동체인 교회로 더해지는 것을 확인하게 됩니다. 우리는 그리스도의 피로 가까워졌습니다. 세례를 통해 한 몸이 되었습니다.

교회와 결혼하라고요?

앞서 말한 것처럼, 제가 결혼하자마자 처가 식구들이 곧바로 친밀해지고 한 몸처럼 느껴진 것은 아닙니다. 부담이 될 때도 있었고, 갈등이 생길 때도 있었습니다. 하지만 그렇다고 해서

'나는 처가에는 안 가고, 아내와의 관계에만 충실할 거야'라고 생각한다면 어떨까요? 정말 말이 안 되는 것입니다.

그런데 말입니다. 교회와의 관계가 부담되니까 '나는 하나님과의 관계에만 충실할 거야'라고 생각하는 성도들이 참 많습니다. 신앙을 하나님과의 일대일 관계로만 보며, 그렇게 하는 것을 당연하게 여기는 성도들이 있습니다.

종종 결혼을 부담스러워하는 청년들이 있습니다. 얽매여 사는 게 싫은 것입니다. 그래서 연인과 데이트는 해도 결혼은 아닌 것 같다고 선을 긋습니다. 교회와의 관계도 마찬가지입니다. 교회와 데이트는 하지만 결혼은 하지 않겠다고 합니다.

데이트와 결혼의 차이는 여러 가지가 있을 것입니다. 데이트할 때는 꾸미고 만나지만 결혼하면 꾸미지 않고도 만납니다. 데이트할 때는 곱게 화장하고 만나지만 결혼하면 민낯일 때도 만납니다. 교회와 데이트만 하려는 사람은 꾸미지 않은 교회 공동체를 견디지 못하고, 교회의 민낯을 회피합니다. 책임과 부담을 지지 않으려고 합니다.

데이트는 해도 결혼은 하지 않는 이유 중 하나는 더 좋은 짝이 나타날지도 모른다는 생각 때문입니다. 교회와의 관계도 마찬가지 아닐까요? 교회를 계속해서 고르고 평가하려는 시도를 멈추지 않습니다. 예쁘게 화장한 교회를 소비하듯 찾아

다니고, 계속해서 비교합니다. 소그룹 리더가 마음에 들지 않으면, 공동체 모임에 참여하지 않습니다. 조원이 까다로우면, 하나님이 주신 훈련의 기회로 삼기보다는 리더를 그만두는 이유로 삼아 버립니다.

언젠가 청년부 지체들과 성경공부를 하다가 '팬과 제자의 차이'에 대해 이야기를 나눈 적이 있습니다. 그때 참으로 인상적인 말을 들었습니다. "팬은 스타를 바꾸려 하지만, 제자는 자신을 바꾸려 한다." 이 말을 이렇게 표현해 보면 어떨까요? "데이트는 파트너를 바꾸려 하지만, 결혼은 자신을 바꾸려 한다." 자기 입맛에 맞는 교회를 계속해서 고르고, 성도들의 민낯을 견디지 못하며 이리저리 방황하는 사람은 '팬'이라고 할 수 있습니다. 이런 사람은 교회와 데이트만 하는 사람입니다. 그러나 민낯을 드러내는 지체들에 대해 오래 참고, 연약한 교회를 위해 기도하는 사람은 '제자'입니다. 이런 사람은 교회와 결혼한 사람입니다. 다만 제 말을 오해하지 않기 바랍니다. 건강하지 못한 교회에서 무조건 은혜로 덮고 '가만히 있으라'는 말은 결코 아닙니다.

그리고 "팬은 구경하고, 제자는 참여한다"는 말도 기억에 남습니다. 한국교회의 문제를 마치 남의 일인 양 강 건너 불구경하는 식으로 바라봐서는 안 됩니다. 내 가족의 문제처럼 함께 고민하고 해결하기 위해 노력해야 합니다. 자신이 속한 소그룹의 문제에 소극적으로 관망만 할 것이 아니라 자기 문제처럼 함께 울고 함께 웃으며 풀어 가야 합니다. 한껏 꾸미고 만나는 데이트뿐만 아니라 꾸미지 않은 밋밋한 일상의 순간에도 함께 마음을 모으고 참여해야 합니다.

뼈대 있는 가문을 위하여

"가지 많은 나무에 바람 잘 날이 없다"는 유명한 속담이 있습니다. 결혼하여 시댁이 생기고 처가가 생기는 것은 가지가 많아지는 일임이 분명합니다. 그러나 뿌리 깊은 나무는 바람에 흔들리지 않습니다. 뼈대 있는 가문에는 어른이 있기 마련입니다. 아버지에게 권위가 있습니다. 형제들이 싸우더라도 아버지의 헛기침 한 번에 조용해집니다.

교회 공동체를 뼈대 있는 가문으로 빚는 역할을 하는 것이 성례입니다. 성례는 예수 그리스도가 직접 정하신 거룩한 예식으로, 세례와 성찬을 말합니다. 세례와 성찬은 우리 주님이 다시 오실 때까지 지속적으로 기념해야 할 예식입니다.

먼저, 우리는 세례를 받는 지체를 위하여 연합하시는 주님을 봅니다. 그 지체가 전에는 멀리 있던 자였지만 이제는 세례를 통해 가까워진 지체이며, 하나님의 가족으로 내가 섬겨야 할 형제자매임을 알게 됩니다. "이제는 전에 멀리 있던 너희가 그리스도 예수 안에서 그리스도의 피로 가까워졌느니라"(엡 2:13).

또 성찬식을 통해 우리는 한 식탁에 둘러앉습니다. 우리를 대신하여 살과 피를 내어 주신 주님을 기억하고, 그 은혜가 내게만 아니라 다른 지체에게도 미치고 있음을 성찬의 식탁에서 확인할 수 있습니다.

형의 아내가 나보다 더 나이가 어려도 형수님이라고 부릅니다. 하물며 예수 그리스도의 신부된 지체들이라면 얼마나 더 귀히 여겨야겠습니까? 그러나 교회 공동체를 여전히 부담스럽게 여기는 사람들이 있습니다. 교회 다니는 사람들은 싸울 때가 가장 무섭다고 합니다. 서로 상대방이 악한 영에 사로잡혀 있다고 쉽게 판단하며 지옥에 갈 거라고 저주하기 때문입니다. 자신과 생각이 다른 지체들을 견디기가 쉽지 않은 것입니다. 세례와 성찬에 참여하면서도 여전히 미운 지체들은 미운 것입니다.

우리 주님은 자신을 이렇게 소개하십니다. "나는 선한 목자라"(요 10:14). 선한 목자는 어떤 분일까요? 저는 주님이 천사들의 모임에만 계시는 줄 알았습니다. 싸움도 없고, 성숙한 지체들이 모여 있는 곳에만 주님이 거하실 거라 생각했습니다. 그래서 싸움이 있고 분쟁이 가득한 교회에는 주님이 거하시지 않는 줄 여겼습니다.

또 좋다고 소문난 교회의 성도들만 거듭나는 줄 알았습니다. 하지만 그런 교회에도 거듭나지 못한 사람들이 많음을 알게 되었습니다. 싸움이 많고 어려운 교회에는 거듭난 성도들이 없는 줄 알았습니다. 하지만 그런 교회에도 거듭난 성도들이 있음을 보게 되었습니다.

선한 목자는 양 무리를 절대로 떠나지 않으십니다. 우리 주님은 천사들의 모임이 아니라 양 무리와 함께 계십니다. 자기 고집과 이기심으로 가득하고, 냄새가 풀풀 나는 양 무리를 떠나지 않으십니다. 주님은 양 냄새가 몸에 밸 정도로 양 무리를 지키는 선한 목자이십니다.

선한 목자가 권위를 갖는 교회가 뼈대 있는 가문이 됩니다. 요한은 우리가 선한 목자를 만날 수 있는 법을 알려 줍니다.

> 또 이 우리에 들지 아니한 다른 양들이 내게 있어 내가 인도하여야 할 터이니 그들도 내 음성을 듣고 한 무리가 되어 한 목자에게 있으리라(요 10:16).

한 목자가 있는 교회가 뼈대 있는 가문이 됩니다. 한 목자가 있다는 것은, 자신을 양으로 인정하는 것을 의미합니다. 우리는 어떻게 한 목자를 만날 수 있습니까? 성경은 '그들도 내 음성을 듣고'라고 말합니다. 그렇습니다. 주님의 말씀이 양을 목자에게로 인도합니다. 여기에서 중요한 구절은 '한 무리가 되어'입니다. 목자는 '한 무리가 되어' 만나는 것입니다. 왜냐하면 선한 목자이신 주님은 양 무리를 떠나지 않으시며, 양 무리와 연합하신 분이기 때문입니다.

우리가 눈에 보이는 형제를 사랑하지 않으면서, 보이지 않는 하나님을 사랑할 수 없습니다. "누구든지 하나님을 사랑하노라 하고 그 형제를 미워하면 이는 거짓말하는 자니 보는 바 그 형제를 사랑하지 아니하는 자는 보지 못하는 바 하나님을 사랑할 수 없느니라"(요일 4:20).

저는 결혼식 주례를 맡을 때마다 신랑 신부에게 이렇게 묻습니다.

"신랑 신부, 하나님 믿으시죠?"

"네."

"그러면 하나님을 본 적이 있나요?"

대부분 신랑과 신부가 당황해하면서 우물쭈물합니다. 그때 저는 이렇게 이야기합니다.

"신랑과 신부는 하나님을 본 적도 없는데 믿어 왔고, 하나님을 본 적도 없는데 사랑해 왔습니다. 세상 사람들은 믿을 만한 구석이 하나도 보이지 않는데 어떻게 믿어 주냐, 사랑할 만한 점이 하나도 보이지 않는데 어떻게 사랑하느냐고 말합니다. 그러나 우리는 보이지 않는 하나님을 믿어 왔고, 보이지 않는 하나님을 사랑해 왔습니다. 그러므로 상대방에게 믿을 만한 구석이 보이지 않고, 사랑스러운 구석이 보이지 않는다 해도, 그 사람을 믿어 주고 사랑해 주는 것은 이 세상에서 성도들이 가장 잘할 수 있습니다. 왜냐하면 우리는 그동안 보이지 않는 하나님을 믿어 왔고, 보이지 않는 하나님을 사랑하는 연습을 해왔기 때문입니다."

이제 다시 한 번 묻습니다. "여러분은 이 교회(양 무리)의 다스림과 치리에 복종하고 그 거룩함과 화평함을 이루도록 힘쓰기로 다짐하십니까?"

> 만일 한 지체가 고통을 받으면 모든 지체가 함께 고통을 받고 한 지체가 영광을 얻으면 모든 지체가 함께 즐거워하느니라. 너희는 그리스도의 몸이요 지체의 각 부분이라 (고전 12:26-27).

세례, 사명을 바꾸다

누구든지 그리스도와 합하기(into Christ) 위하여 세례를 받은 자는 그리스도로 (with Christ) 옷 입었느니라. 너희는 유대인이나 헬라인이나 종이나 자유인이나 남자나 여자나 다 그리스도 예수 안에서(in Christ) 하나이니라. 너희가 그리스도의 것이면(belong to Christ) 곧 아브라함의 자손이요 약속대로 유업을 이을 자니라. 갈라디아서 3:27-29

결혼, 주소를 바꾸다

결혼하면 혼자 살던 집에서 부부가 함께 살 집으로 이사합니다. 세례도 이와 같습니다. 이전에는 '내 것'으로만 살았는데, 세례를 받음으로 '그리스도의 것'으로 살게 됩니다.

NIV 성경은 '~의 것'을 'belong to'로 번역했습니다. 이것은 소속이 바뀌는 것입니다. 이전에는 나의 인생이 나의 것이었습니다. 세대주가 나였습니다. 그런데 세례를 받음으로 소속이 바뀌어 세대주가 그리스도가 됩니다. 이것이 바로 '그리스도의 것'이라는 구절의 의미입니다. 결혼하면 신혼집으로 들어가는 것처럼, 세례를 받으면 새 집으로 들어갑니다. 즉 다른 소속으로, 다른 세대주의 집으로 이사하는 것입니다.

함께 사는 것의 강력한 변화

저희 신혼집의 구조는 침실, 마루, 서재로 이루어졌습니다. 제가 목회자이다 보니 서재를 중요하게 생각했습니다. 그런데 아이들이 태어나자 한순간에 모든 것이 바뀌었습니다. '침실, 마루, 서재'였던 집의 구조가 '놀이방, 놀이방, 놀이방'으로 바뀌었습니다. 이것이 바로 함께 사는 것의 강력한 변화입니다. 세례는 그리스도와 함께 거주하는 것입니다. 그분이 세대주인 집에 함께 거주하는 것입니다.

바울은 고린도 교회 성도들에게 이렇게 말합니다.

> 너희는 하나님으로부터 나서 그리스도 예수 안에 있고 예수는 하나님으로부터 나와서 우리에게 지혜와 의로움과 거룩함과 구원함이 되셨으니(고전 1:30).

이 구절은 우리와 그리스도의 연합을 아주 잘 보여 줍니다. 그리스도가 세대주인 집에 들어가 보니, 그분의 지혜와 의로움과 거룩함과 구원함이 있습니다. 이 구절을 잘 읽어 보십시오. 그리스도께서 우리에게 지혜와 의로움을 주실 것이라고 말하지 않습니다. "예수는 하나님으로부터 나와서 우리에게 지혜와 의로움과 거룩함과 구원함이 되셨으니"라고 말합니다. 예수님이 우리의 지혜가 되고, 예수님이 우리의 의로움이 되십니다.

아이들이 태어나자 저희 집의 구조가 완전히 바뀐 것처럼, 그리스도와의 연합도 결정적인 전환을 가져옵니다. 그리스도와 연합한 사람은 자신의 지혜와 의로움과 거룩함과 구원함으로 사는 것이 아니라, 그리스도의 지혜와 의로움과 거룩함과 구원함으로 살아갑니다.

제가 미혼일 때는 노트북이 없어서 불편했는데, 결혼하자

아내의 노트북을 제 것처럼 쓸 수 있게 되었습니다. 이와 마찬가지로 그리스도가 세대주인 집으로 이사하면, 지혜와 의로움과 거룩함과 구원함이 되시는 그리스도를 힘입어 살아가게 됩니다. 그래서 우리는 기도할 때 '예수 그리스도의 이름으로' 하는 것입니다. 하나님 아들의 권세를 가지고 기도함으로써 은혜의 보좌 앞에 담대히 나아갈 수 있게 되었습니다.

복을 받을 자, 복을 이을 자

"너희가 그리스도의 것이면 곧 아브라함의 자손이요 약속대로 유업을 이을 자니라"(갈 3:29). 이 구절에서 '그리스도의 것'은 무엇을 의미할까요? 바울은 '그리스도의 것'을 아브라함의 자손이 되고, 아브라함에게 약속하신 유업을 이을 자가 되는 것으로 연결시킵니다.

아브라함에게 약속하신 유업은 무엇입니까? 창세기 12장 2-3절입니다.

> 내가 너로 큰 민족을 이루고 네게 복을 주어 네 이름을 창대하게 하리니 너는 복이 될지라. 너를 축복하는 자에게는 내가 복을

내리고 너를 저주하는 자에게는 내가 저주하리니 땅의 모든 족속이 너로 말미암아 복을 얻을 것이라 하신지라.

우리는 흔히 아브라함의 복을 '큰 민족을 이루고, 이름이 창대해지고, 약속하신 땅을 얻는 것'이라고 생각합니다. 그러나 진정한 아브라함의 유업은 '복을 받는 것'이라기보다 '복이 되는 것'입니다. 즉 아브라함으로 말미암아 땅의 모든 족속이 복을 받는 것입니다.

이것이 바로 우리가 붙들어야 할 진리입니다. 우리는 복을 받을 자가 아니라 복을 이을 자입니다. 복을 이을 자라는 말 속에 이미 복이 있는 자라는 것이 전제되어 있습니다. 그렇습니다. 우리는 진정한 복이신 그리스도와 연합했기에, 모든 족속을 복되게 할 풍성함을 이미 갖고 있습니다.

세례, 사명을 바꾸다

우리가 이을 유업, 곧 우리가 복이 되는 것이 무엇을 의미하는지를 먼저 살펴보겠습니다. 창세기 18장 18-19절입니다.

아브라함은 강대한 나라가 되고 천하 만민은 그로 말미암아 복을 받게 될 것이 아니냐 내가 그로 그 자식과 권속에게 명하여 여호와의 도를 지켜 의와 공도를 행하게 하려고 그를 택하였나니 이는 나 여호와가 아브라함에게 대하여 말한 일을 이루려 함이니라.

아브라함의 유업은 강대한 나라가 되어 천하 만민이 그로 말미암아 복을 받는 것입니다. 여기서 말하는 강대한 나라는 군사력과 경제력이 좋은 나라가 아닙니다. '여호와의 도를 지켜 의와 공도를 행하는' 나라입니다(19절). 그것이 바로 강대한 나라입니다.

그러면 우리가 이어야 할 유업은 무엇입니까? 큰 민족을 이루는 복을 받는 것일까요? 아닙니다. 그렇지 않습니다. 내 이름이 창대해지는 것이 아닙니다. 많은 땅을 소유하는 것이 아닙니다. 아브라함의 유업인 강대한 나라가 되는 것은 이런 방식에 있지 않습니다. 자손과 권속에게 전해야 할 것은 '여호와의 도를 지켜 의(right)와 공도(just)를 행하는 삶'입니다. 우리가 의와 공도를 행함으로써 천하 만민이 복을 받게 하는 것입니다.

아내가 목회자인 저와 결혼할 때, 사람들은 그냥 한 여인의 결혼으로만 보지 않았습니다. 교회를 함께 섬기는 사모가 되는 것으로 이해했습니다. 제 아내는 결혼과 동시에 남편의 사명과 연합한 것입니다. 이와 마찬가지로 우리는 세례를 받음으로 그리스도의 것이 되어, 그리스도의 사명과 연합하게 됩니다. 주님은 의와 공도를 행하심으로 세상을 복되게 하는 사명을 감당하셨습니다. 그러므로 세례를 받은 우리도 의와 공도를 행하여 세상을 복되게 하겠다고 선언하는 것입니다.

접시 돌리기 신앙

의와 공도를 행하는 삶은 어떤 것일까요? 하나님의 율법을 지키며 사는 삶을 말합니다. 여기서 한 가지 질문이 생깁니다. 율법은 천하 만민을 복되게 하는 것일까요? 아마 대부분의 그리스도인은 그렇게 생각하지 않을 것입니다. 율법주의 때문에 그렇습니다.

모든 율법을 엄격하게 지키려는 율법주의는, 자신이 잘하면 교만으로 이끌어 가고 자신이 잘 못하면 위선과 연민으로 이끌어 가기 때문입니다. 또 남이 잘하면 시기로 흐르게 하고, 남이 잘 못하면 정죄로 흐르게 합니다. 이처럼 율법주의는 다른 사람을 복되게 하기보다는 분열과 갈등을 부추길 뿐입니다.

C. J. 매허니(Mahaney)는 율법주의를 '접시 돌리기'로 비유합니다. 그리스도인 가운데 율법주의에 매여 있는 사람들이 많습니다. 그들은 성경 읽기의 접시를 돌리고, 기도의 접시를 돌리고, 전도의 접시를 돌리고, 구제의 접시를 돌립니다. 온갖 접시를 다 돌립니다. 그런데 저쪽에 있는 접시가 흔들흔들 떨어질 것 같습니다. 재빨리 달려가 그 접시를 다시 돌립니다. 그러자 이쪽에 있는 접시가 또 흔들거립니다. 이처럼 모든 접시(율법)를 항상 돌리려고 하는 것은 엄격한 율법주의입니다. 이렇게 살아간다면 시간이 지날수록 피곤해질 수밖에 없습니다. 그리고 혹시 접시가 깨지면 어쩌나 하는 염려와 불안이 가시지 않습니다.*

그러다 보니, 율법을 좀 부드럽게 가다듬으려는 시도가 일어납니다. 어차피 '모든' 접시(율법)를 '항상' 돌릴 수는 없으니까 남들보다 더 많이 돌리면 되지 않겠는가 생각합니다. 그래서 남들보다 더 많은 접시를 돌리겠다며 열심을 냅니다. 모든 접시를 돌려야 한다는 부담을 덜어 내자, 그저 옆 사람보다 한두 개만 더 돌려도 위안이 되고 안심이 됩니다.

---

* C. J. 매허니, 『죄와 세상을 이기는 능력 십자가』(요단, 2006), 37-42쪽 참조.

또 어떤 사람은 모든 접시를 돌릴 수 없으니, 특별한 접시를 돌리면 된다고 생각합니다. 아주 큰 접시를 가져와서 돌립니다. 남들에게 없는 접시입니다. 신유의 능력 접시, 귀신을 쫓는 접시 등을 돌립니다. 남들에게 없는 은사를 발휘하는 접시를 횡횡 돌리면서 이것이 의와 공도를 행하는 삶이라고 주장합니다. 그러나 계속해서 접시를 돌리는 것은 피곤할 수밖에 없고, 접시가 깨지면 어쩌나 하는 염려와 불안이 가시지 않는 것은 매한가지입니다. 결국 접시는 언젠가 회전력을 잃게 마련이고, 바닥에 떨어져 깨지고 말 것입니다. 그것은 율법주의입니다.

죄와 싸우는 법 : 주님과의 연합

접시 돌리기 같은 율법주의로는 하나님의 율법을 지킬 수 없습니다. 그런 방법으로는 실패하고 죄에 빠질 뿐입니다. 그러면 어떻게 해야 할까요?

죄는 결코 나 혼자만의 노력과 열심으로는 이길 수 없다는 것을 기억해야 합니다. 이렇게 생각해 보면 어떨까요? 미혼 남자가 결혼하면 단번에 유부남이 됩니다. 신분이 단번에 바뀌는 것입니다. 하지만 그렇다고 해서 죄의 유혹이 단번에 사라지거나 죄로 상징되는 옛 애인이 단번에 정리되지는 않습니다. 결혼하면 단번에 유부남 신분이 되지만, 진실한 유부남의 수준까지 단번에 껑충 뛰어올라 유혹에 초연해지는 것은 아닙니다. 단번에 기혼자가 되었지만 옛 애인으로 상징되는 죄의 유혹은 여전히 남아 있습니다.

옛 애인의 유혹을 물리칠 때, 한 달에 열 번 만나던 것을 한 번으로 줄인다거나, 다른 여자를 한 번 만나면 아내에게 두 번은 잘하자고 결단하는 사람이 있을지 모르겠습니다. '옛 애인과 밥 먹는 것 정도는 괜찮은 거 아닌가?'라고 생각하는 사람도 있을 것입니다. 하지만 이런 식으로는 옛 애인과 완전히 결별할 수 없습니다.

그러면 어떻게 해야 할까요?

배우자와의 친밀함으로 옛 애인의 유혹을 이겨야 합니다. 자기 혼자의 힘이 아니라 배우자의 힘을 의지해야 합니다. 결혼 반지를 끼고 다닌다든가, 아니면 배우자와 함께 옛 애인을 직면하고 쫓아내야 합니다. 죄를 이기는 방법은 개인의 결단이나 노력에 달려 있지 않습니다. 도덕성과 종교성에 달려 있지도 않습니다. 좋은 배우자인 그리스도와의 연합을 통해 이겨 내야 합니다. 가장 아름다운 배우자인 그리스도와의 하나

됨을 견고하게 할수록 옛 애인을 쉽게 이길 수 있습니다.

부부 십계명

결혼한 후에도 옛 애인과 사귀는 것을 어쩔 수 없다고 생각하는 사람이 있다면 어떨까요? 다들 그렇게 하는데 왜 나한테만 뭐라고 그러냐고 한다면 어떨까요? 그런 사람은 크게 혼이 나든가, 아니면 치료를 받아야 합니다. 그런 사람은 결혼을 아주 우습게 여기거나 배우자를 귀하게 여길 줄 모르는 사람입니다.

이와 마찬가지로, 신앙생활을 하면서 옛 애인으로 상징되는 죄와 사귀는 것을 너무나 쉽게 생각하고 또 당연하게 여기는 사람들이 있습니다. 율법을 어기고, 정의와 공의를 행하여 주변 사람들을 복되게 하지 않아도 아무렇지 않은 사람들이 있습니다. 결혼하면 더 이상 나를 위해 살지 않고 가족을 위해 사는 것이 마땅한 것처럼, 세례를 받으면 더 이상 자신을 위해 살지 않고 삼위 하나님과 주님의 몸된 교회를 위해 살아가는 것이 당연합니다.

십계명을 가지고 이 문제를 한번 생각해 보겠습니다. 다음

도표는 십계명을 부부 관계에 적용하여 변환한 것입니다.

비고	십계명	부부 십계명
1계명	나 외에는 다른 신들을 두지 말라.	아내 외에는 다른 여자를 두지 말라.
2계명	어떤 형상도 만들지 말고 섬기지 말라.	배우자상을 만들어 짜 맞추려 하지 말라.
3계명	하나님의 이름을 망령되게 부르지 말라.	아내를 함부로 대하지 말라.
4계명	안식일을 기억하여 거룩하게 지키라.	아내와의 특별한 시간을 기억하고 지키라.
5계명	네 부모를 공경하라.	아내의 부모를 공경하라.
6계명	살인하지 말라.	아내의 건강과 생명력을 더해 주라.
7계명	간음하지 말라.	다른 여자 말고 아내만을 즐거워하라.
8계명	도둑질하지 말라.	아내의 사적 영역을 존중하라.
9계명	거짓 증거하지 말라.	아내에게 진실하게 말하라.
10계명	네 이웃의 집을 탐내지 말라.	탐심으로 네 아내를 수단화시키지 말라.

우리는 하나님의 법인 율법을 '어떻게 전부 다 지키냐? 그냥 몇 가지만 지키면 되지'라고 생각합니다. 저도 어릴 때는 십계명 가운데 대여섯 개는 지키니까 괜찮지 않을까 하고 생각했

습니다. 그러나 율법은 우리를 테스트하는 시험 문제가 아닙니다. 그중에 어떤 것은 틀려도 된다든가, 과락을 면해야 한다든가 하는 조건이 달려 있지 않습니다.

의와 공도를 행하는 것은 샬롬, 즉 평안의 관계를 이루는 것입니다. 우리가 율법을 지킴으로 하나님과의 관계, 이웃과의 관계에서 평안과 안식이 이루어지게 하는 것입니다. 하나님과의 관계, 이웃과의 관계에서 평안과 안식을 누리게 하는 것이 바로 율법의 역할입니다.

부부 십계명으로 변환한 도표를 살펴보면 이것을 쉽게 이해할 수 있습니다. 다른 사람보다 몇 가지 계명을 더 지킨다고 해서, 또는 다른 사람보다 어떤 계명을 특별히 더 잘 지킨다고 해서 관계가 풍성해지지는 않습니다. 예를 들어 남편이 아내를 함부로 대하지 않고(3계명), 아내와의 기념일을 기억하여 특별하게 지키며(4계명), 아내의 부모를 공경한다(5계명)고 해도, 아내가 아닌 다른 여자와 성적 쾌락을 즐긴다면(1계명, 7계명) 관계가 파괴되고 맙니다. 또 아내에게 건강식을 아무리 잘 챙겨 준다 해도, 아내의 부모를 멸시한다면 그것 때문에 관계가 망가지고 맙니다.

그러므로 어차피 다 못 지킬 테니까 몇 가지라도 지키자는 태도는 아예 성립이 안 됩니다. 만약 건강한 관계라면 어떨까요? 남들보다 '몇 가지 더'가 아니라 '모든' 계명을 지키고 싶을 것입니다. 해야 하기 때문에 계명을 지키는 것이 아니라, 하고 싶기 때문에 계명을 지킬 것입니다. 배우자를 사랑하기에 모든 계명을 다 지키고 싶은 것입니다.

세례를 받을 때, 주님과 교회 공동체에 이같이 하고 싶은 것이 건강한 태도입니다. "결혼한 것은 맞지만 아직은 내게 남편 역할을 요구하지 말라"고 하는 것은 부부가 연합한 모습이 아닙니다. 결혼했으면 남편의 역할을 해야 하고, 집에 들어가야 하고, 아내를 도와야 하고, 아내의 건강도 살펴야 합니다. 아내의 가족들도 돌보고, 심지어 아내가 다니는 직장도 잘 되도록 돕고 싶은 마음이 들어야 합니다.

우리가 세례를 통해 주님과 연합하면, 주님은 모든 계명을 신실하게 지키십니다. 주님의 관심사는 오직 우리이며 다른 데 관심을 두지 않으십니다(1계명). 주님은 우리를 어떤 형상에 짜 맞추려 강요하지 않고 우리 모습 그대로 사랑하십니다(2계명). 주님은 우리를 귀하게 여기시고(3계명), 우리와의 교제를 소홀히 여기지 않으십니다(4계명). 주님은 우리의 가족 공동체를 귀히 여기시고(5계명), 우리에게 영생을 주기 원하십니다(6계명). 주님은 우리를 기뻐하고 즐거워하시며(7계명), 우리의 사적 영역을 빼앗지 않고 존중하십니다(8계명). 주님은 우리를 언제나 거짓 없이 진실하게 대하십니다(9계명). 주님은 우리를 도구로 취급하지 않으십니다. 주님에게 우리는 수단이 아니라 목표입니다(10계명). 이처럼 주님은 우리와 맺은 언약에 충실하십니다.

의와 공도를 행하라는 말은, 우리 혼자 노력하라는 의미가 아닙니다. 우리를 끔찍이 아끼시고, 언제나 함께하시는 주님과 더불어 행하는 것을 의미합니다. 주님이 먼저 의와 공도를 행하셨습니다. 이러한 주님의 은혜를 맛보게 되면, 율법은 우리에게 '해야 하는' 것이 아니라 '하고 싶은' 것으로 바뀝니다. 우리는 주님의 지혜와 의로움과 거룩함과 구원함을 힘입어 의와 공도를 행하여 천하 만민을 복되게 하는 삶을 더 간절히 고대하게 됩니다.

죄와 싸우는 법 : 교회와의 연합

바울은 "우리의 씨름은 혈과 육을 상대하는 것이 아니요 통치자들과 권세들과 이 어둠의 세상 주관자들과 하늘에 있는 악의 영들을 상대함이라"고 말합니다(엡 6:12). 우리가 의와 공도를 행하기에는 세상이 호락호락하지 않습니다. 그래서 바울은 전신갑주를 입으라고 권면합니다(엡 6:13).

전신갑주는 혼자 입는 것이 아니라, 교회인 우리가 함께 입는 것입니다. 전신갑주는 혼자 입는 '도복'이 아니라 전우들과 함께 입는 '군복'입니다. 바울이 말하는 영적 전쟁은 혼자 하는 격투기가 아니라, 군대와 함께하는 전투입니다. 개인의 싸움이 아니라 군대가 하는 전쟁입니다. 죄와 전투하는 거룩한 교회, 의와 공도를 행하는 교회가 세상을 복되게 합니다.

우리는 세례를 통해 그리스도와 연합할 뿐만 아니라 교회와도 연합합니다. 교회는 한 몸이 되어 죄와 싸웁니다. 자신이 가진 한두 가지의 은사로 죄와 싸워서 겨우 이기던 사람들이 이제는 공동체와 함께 죄와 싸웁니다. 열 명이면 열 가지가 넘는 충만한 은사로, 백 명이면 백 가지가 넘는 충만한 은사로 죄와 싸우는 것입니다.

유대인 랍비들이 샴쌍둥이가 한 사람인지 두 사람인지를 구분하는 방법이 있습니다. 뜨거운 물을 머리에 끼얹어서 한 쪽 머리만 고통스러워하면 두 사람이고, 양쪽 머리가 함께 고통스러워하면 한 사람이라는 것입니다. 한 몸이 된다는 것은 함께 아파하고, 함께 슬퍼하는 것입니다. 또한 함께 죄와 싸우는 것입니다.

그런데 여기서 주의할 점은, 한 몸을 집단주의로 오해하면 안 된다는 것입니다. 집단주의는 획일화된 것입니다. 어떤 결정을 내릴 때마다 목회자에게 의존하며 "이것은 해도 되나요? 이것은 하면 안 되나요?"를 묻는 교회는 한 몸이 아니라 집단주의에 빠진 것이라 할 수 있습니다. 목회자의 생각으로 획일화된 것입니다.

한 몸이 된다는 것은 다양성을 인정한다는 것입니다. 한 몸에 다양한 지체들이 함께 있기 때문입니다. 다양성이 있으면 한 몸이지만, 다양성이 없으면 그저 집단에 불과할 뿐입니다. 한 몸인 우리는 다른 지체들의 필요를 눈으로 살피고, 입술을 열어 따스한 말을 해주며, 지체들을 손으로 붙잡아 주고, 발로 찾아가야 합니다. 그런데 교회가 한 몸이 되지 않고 그저 획일화된다면, 의와 공도를 행할 수 없고 세상을 복되게 할 수 없습니다.

한 몸에 많은 지체가 있습니다. 다양성을 인정한다는 것은 각 지체를 소중하게 여기는 것입니다. 그러나 지체를 귀히 여기는 것을 개인주의와 헷갈리면 안 됩니다. 지체된 것과 개인주의를 구분하는 법은 아주 단순합니다. 지체는 머리에 승복하지만, 개인주의는 머리에 승복하지 않습니다. 머리가 뭔가를 지시했는데 지체가 반응하지 않으면, 그것은 마비된 것입니다. 반대로, 머리가 뭔가를 지시하지 않았는데 지체가 반응

한다면, 그것은 경련이나 발작이 일어난 것입니다.*

교회에는 주님의 명령에 승복하지 못하는 마비된 지체들이 있습니다. 우리는 그런 지체들을 어떻게 대해야 할까요? 마비된 지체들의 딱딱하게 굳은 부분을 주물러서 풀어 주어야 합니다. 또 교회에는 주님이 명령하시지 않았는데 자기 마음대로 움직이는 지체들, 즉 경련을 일으키는 지체들도 있습니다. 우리는 그런 지체들을 어떻게 대해야 할까요? 경련을 일으키는 지체들을 사랑으로 꼬옥 붙들어 주어야 합니다.

지체가 되었다는 것은 머리뿐만 아니라 다른 지체와도 연결되어 있는 것입니다. 서로 연결된 지체가 한 몸을 이루는 것입니다. 한 몸이 된 교회는 건강하게 세상을 섬길 수 있습니다. 주님께서 하신 것처럼, 하나님 나라를 가르칠 수 있습니다. 아픈 사람들을 치유하고, 모든 사람에게 복음을 전할 수 있습니다. 의와 공도를 행하여 천하 만민을 복되게 할 수 있습니다. 한 몸이 된 교회는 아브라함의 유업을 이을 자가 됩니다.

우리는 자신을 복되게 하는 삶에서 세상을 복되게 하는 삶으로 옮겨졌습니다. 하나님이 아브라함에게 약속하신 복을 이을 자가 되었습니다. 그 복이 이미 우리에게 있습니다. 왜냐하

---

* 마틴 로이드 존스, 『에베소서 강해 6』(CLC, 2007), 148-149쪽 참조.

면 우리가 그리스도의 것이기 때문입니다. 그 은혜를 힘입어 우리는 세상의 빛과 소금의 사명을 감당할 수 있습니다.

세례는 사명을 바꿉니다. 그리스도께서 의와 공도를 행하여 세상을 복되게 하신 것처럼 우리도 그렇게 살아가야 합니다. 거룩하고 영광스러운 주님의 교회는 강력한 군대입니다. 성도들은 서로 기질이 다르고, 성격이 다르며, 환경이 다를지라도 전우가 됩니다. 강력한 영적 전쟁의 현장에서 한 사람 한 사람의 전우들은 우리에게 위로가 되며, 힘과 방패가 됩니다. 그 한 사람이 서 있는 것이 우리에게 든든함이 됩니다.

교회가 되어 세상을 복되게 하는 일에 함께하게 된 당신을 환영합니다. 세례를 통해 주님과 연합하고, 우리와 연합하게 된 당신을 통해 더 충만해질 세상을 소망합니다.

> 교회는 그의 몸이니 만물 안에서 만물을 충만하게 하시는 이의 충만함이니라(엡 1:23).

> 여기서 잠깐!

세례를 다시 받고 싶은데, 어떻게 해야 할까요?

은혜로운 세례식을 보고 세례의 성경적 의미를 제대로 깨우칠 때, 성도들은 다시 세례를 받고 싶다는 말을 하곤 합니다. 중학생 때 세례의 의미도 잘 모른 채 형식적으로 세례를 받았다거나, 군대에서 초코파이 때문에 세례를 받았다거나, 자신이 존경하는 목사님에게 세례를 받지 못했다거나 하면 이런 마음이 들 수 있습니다.

그러나 세례식은 언약으로서 결혼식과 같습니다. 결혼식을 한번 생각해 볼까요? 철 모르고 결혼했다고 해서 다시 결혼식을 하지는 않습니다. 결혼할 때 순전한 동기로 하지 않았다고 해서 다시 결혼식을 할 필요는 없습니다. 주례자가 마음에 안 들었다고 해서 그 결혼식의 효력이 없는 것도 아닙니다.

그러므로 우리에게 필요한 것은 세례식을 다시 하는 것이 아니라, 세례의 의미를 다시금 새롭고 풍성하게 깨우치는 일입니다.

닫는 글
진정성 있는 세례를 위하여

*
* *

그러므로 너희는 가서 모든 민족을 제자로 삼아 아버지와 아들과 성령의 이름으로 세례를 베풀고 내가 너희에게 분부한 모든 것을 가르쳐 지키게 하라. 볼지어다 내가 세상 끝날까지 너희와 항상 함께 있으리라. 마태복음 28:19-20

다움론

결혼을 늦게 한 저는 목사 안수를 어렵게 받았습니다. 그런데 지금 생각해 보면, 목사가 되는 것은 그래도 쉬웠습니다. 목사다워지는 것이 훨씬 더 어렵습니다. 요즘 한국교회가 몸살을

앓고 있습니다. 목사의 수가 부족해서가 아닙니다. 목사다운 목사가 부족해서 그렇습니다.

결혼도 마찬가지입니다. 이 땅에 남편과 아내는 많습니다. 그러나 남편다운 남편이 적고, 아내다운 아내가 적어서 가정이 혼란스러운 것은 아닐까요?

제가 목사 안수를 받을 때 얼마나 비장했는지 모릅니다. "부름받아 나선 이 몸 어디든지 가오리다"를 부르며 눈물을 주르륵 흘리기도 했습니다. "이름 없이 빛도 없이 감사하며 섬기리다"는 후렴구를 부를 때는 주먹까지 불끈 쥐며 더욱 결연해졌습니다. 정말 좋은 목사가 되고 싶은 마음으로 목사 직분을 시작했습니다. 그런 마음으로 충만했습니다.

그러나 목사 안수식의 진정성은 안수를 받을 때 흘린 눈물에 있지 않습니다. 오히려 목사 가운을 벗는 날에 그 진정성이 드러날 것입니다. 목사 안수를 받은 날부터 목사 가운을 벗고 강대상에서 내려오는 날까지 목사다워지려고 부단히 애쓸 때, 비로소 목사 안수식의 진정성이 드러날 것입니다.

진정성은 '지속성'으로 드러나곤 합니다. 누군가에게 잘못을 해서 사과할 때 립서비스로 한 번 '미안해'라고 말하고 끝내서는 안 됩니다. 사과한 후에는 지속적으로 그에 맞는 행동을 해야 합니다. 그래야 그 사과에 진정성이 있고, 상대방이 그 사과를 받아들일 것입니다.

세례도 마찬가지입니다. 많은 성도들이 세례를 받을 때 눈물을 흘립니다. 이 세례식에 진정성이 없다고 누가 말할 수 있겠습니까? 그러나 꼭 기억하기 바랍니다. 진정성은 지속성에 있습니다. 세례교인이 되었으면, 세례교인다워지려고 지속적으로 애써야 합니다.

세례교인이 된 것은 홍해를 건넌 것이라 할 수 있습니다. 그러나 홍해를 건넌 데서 멈춘다면 광야에 있을 뿐입니다. 우리는 광야의 시험을 통과하고, 가나안과 전투하여 젖과 꿀이 흐르는 안식에까지 이르러야 합니다. 그것이 세례교인다워지는 길입니다. 세례교인 수가 부족해서가 아니라 세례교인다운 성도가 부족한 것이 이 시대 교회의 문제가 아닐까요?

성례, 진정성 있는 다움을 위하여

우리로 하여금 진정성 있는 성도가 되게 하시려고 주님은 성례를 제정하셨습니다. 세례는 교회가 세상 끝날까지 행해야 할 사명입니다(마 28:19-20). 매번 세례식이 진행될 때마다 우리는 세례의 의미를 되새겨야 합니다. 자신의 세례를 다시금 확인하고, 세례를 받는 지체들을 새로운 가족으로 기쁘게 받아들여야 합니다. 세례식이 있을 때마다 결혼식에 초청받은 것처럼 몸과 마음의 정장을 입고, 주님의 청첩장을 받은 것처럼 그분의 결혼을 온 마음 다해 축하해야 합니다.

또한 주님은 우리에게 성찬을 명하셨습니다. 세례가 하나님의 자녀로 출생하는 것이라면, 성찬은 하나님의 자녀들이 예수님과 함께 먹고 마시는 것입니다. 출생은 한 번 뿐이지만, 식사는 매일 반복해서 하는 것처럼 세례식은 일생 동안 단 한 번 하지만, 성찬식은 반복해서 하는 예식입니다.[*]

바울은 "너희가 이 떡을 먹으며 이 잔을 마실 때마다 주의 죽으심을 그가 오실 때까지 전하는 것이니라"(고전 11:26)고 말했습니다. 우리는 성찬에 참예할 때마다, 우리를 대신하기 위해 사람이 되시고, 죄 없는 삶을 사셨으며, 죽기까지 온전히 순종하심으로 우리를 위한 의를 만들어 주시고, 죽음의 권세를 이기고 부활하신 하나님의 아들 예수 그리스도를 기억합니다. 그리고 그분의 살과 피로 상징되는 떡과 잔을 나누며, 결혼한 가족이 한 식탁에서 일상의 삶을 공유하는 것처럼 온

---

[*] 백금산, 김종두, 『만화 웨스트민스터 소교리문답 2』(부흥과개혁사, 2010), 162-163쪽 참조.

성도가 함께 성찬에 참예하여 주님과 한 몸 되고 형제들과 한 가족이 되었음을 상기하고 선포합니다.

하지만 안타깝게도 우리 안에는 복음이 아니라 율법주의에 더 끌리는 속성이 있습니다. 그래서 세례를 받은 후에도 '자기 의'와 '자기자랑'으로 되돌아가 자신도 모르게 편을 만들고 옛사람처럼 살아갑니다. 그러나 우리는 그리스도를 그같이 배우지 않았습니다(엡 4:20). 우리는 세례와 성찬을 통해 주님과의 연합과 교회 공동체와의 연합을 굳건히 해나갑니다. 마지막 날 우리를 바라보는 주님의 마음이 이랬으면 좋겠습니다.

> 또 내가 보매 거룩한 성 새 예루살렘이 하나님께로부터 하늘에서 내려오니 그 준비한 것이 신부가 남편을 위하여 단장한 것 같더라(계 21:2).

이 책이 세례를 준비하는 분들과 성도다워지려고 몸부림치는 분들에게 도움이 되기를 기도합니다.

"어린 양의 혼인 잔치에 청함을 받은 자들은 복이 있도다"(계 19:9). 아멘.

추천도서

**

1. 제임스 패커 『세례와 회심』

제임스 패커에게도 세례는 결혼식이었습니다. 어떤 운명이 닥쳐오든지, 주 예수의 사람으로, 그분의 언약의 상대로 자신을 바치는 결혼식이었습니다. 저자는 기독교의 본질과 핵심을 알고 싶어하는 사람에게 '세례'를 소개하라고 권면합니다.

2. 로완 윌리엄스 『그리스도인이 된다는 것』

탁월한 신학자 로완 윌리엄스는 그리스도인의 삶을 이루는 핵심 요소로 세례, 성경, 성찬, 기도를 꼽습니다. 세례를 받은 그리스도인이 어떻게 살아야 하는지를 간략하면서도 깊이 있게 설명합니다.

3. 김홍전 『두 가지 성례, 성찬』

이 책은 성례가 나 혼자 기념식을 올리고 마는 것이 아님을 잘 보여 줍니다. 성례는 하나님께서 가담하시고 확증의 도장을 내게 찍어 주시는 일임을 보여 줍니다.

4. 김헌수 『영원한 언약』

교회의 타락에 맞서서 종교개혁가들은, 교회의 표지인 '말씀과 성례와 권징'을 중요하게 대했습니다. 이 책은 세례에 대한 성경의 교훈을 온전히 드러냅니다.

5. 카렐 데던스 『세례반에서 성찬상으로』

하나님께서 은혜로 우리를 택하신 사실에 삶으로 반응하는 것이 우리의 공적 신앙고백임을 여실히 드러냅니다. 나아가 확고한 믿음 가운데서 계속 행하려면, 세례 받은 것을 잘 활용하고, 주의 만찬에도 신실하게 참석할 것을 권면합니다.

6. C. J. 매허니 『죄와 세상을 이기는 능력 십자가』

복음이 무엇인지를 간단명료하게 설명하는 책입니다. 십자가가 우리 삶의 중심이 되어야 할 이유를 밝히면서, 율법주의와 정죄감과 주관주의의 폐단을 극복하도록 도와줍니다. 또한 십자가 중심으로 살아가는 법을 소개하며, 세례를 받고 주님과 연합하는 삶이 무엇인지를 선명하게 드러냅니다.

7. 티모시 켈러 『복음 안에서 발견한 참된 자유』

이 소책자는 언약에 대한 풍성한 영감을 줍니다. 하나님의 재판이 이미 끝났는데도, 어째서 자신은 여전히 법정에 남아 있는지를 스스로 깊이 물어보게 합니다. 세례는 하나님의 평가가 이미 끝났음을 보여 주는 은혜의 표지입니다.